DANS

LE SAHARA

ET AU SOUDAN

PAR

Ernest MERCIER

ANCIEN MAIRE DE CONSTANTINE

> Il faut laisser trace de son pas-
> sage et remplir sa mission.
> JOUBERT.

PARIS

ERNEST LEROUX, ÉDITEUR

28, RUE BONAPARTE, 28

1889

DU MÊME AUTEUR :

HISTOIRE DE L'AFRIQUE SEPTENTRIONALE, depuis les temps les plus reculés jusqu'à la conquête française, 2 vol. in-8°, avec Cartes.

HISTOIRE DE L'ÉTABLISSEMENT DES ARABES DANS L'AFRIQUE SEPTENTRIONALE, gr. in-8° avec 2 cartes.

LE CINQUANTENAIRE DE L'ALGÉRIE, in-8°.

L'ALGÉRIE ET LES QUESTIONS ALGÉRIENNES, in-8°.

COMMENT L'AFRIQUE SEPTENTRIONALE A ÉTÉ ARABISÉE, in-8°.

LA BATAILLE DE POITIERS ET LES VRAIES CAUSES DU RECUL DE L'INVASION ARABE, in-8°.

CONSTANTINE AVANT LA CONQUÊTE FRANÇAISE (1837).

CONSTANTINE AU XVIᵉ SIÈCLE, ÉLÉVATION DE LA FAMILLE EL-FEGGOUN.

NOTICE SUR LA CONFRÉRIE DES KHOUAN ABD-EL-KADER-EL DJILANI.

LES ARABES D'AFRIQUE JUGÉS PAR LES AUTEURS MUSULMANS.

EXAMEN DES CAUSES DE LA CROISADE DE SAINT-LOUIS CONTRE TUNIS.

ÉPISODES DE LA CONQUÊTE DE L'AFRIQUE PAR LES ARABES, KOCÉILA, LA KAHENA.

LES INDIGÈNES DE L'ALGÉRIE, LEUR SITUATION DANS LE PASSÉ ET DANS LE PRÉSENT.

LE CINQUANTENAIRE DE LA PRISE DE CONSTANTINE (13 octobre 1837), in-8°.

COMMUNE DE CONSTANTINE, TROIS ANNÉES D'ADMINISTRATION MUNICIPALE, in-8°.

LA FRANCE

DANS

LE SAHARA

ET AU SOUDAN

PAR

Ernest MERCIER

ANCIEN MAIRE DE CONSTANTINE

> Il faut laisser trace de son pas-
> sage et remplir sa mission.
> JOUBERT.

PARIS

ERNEST LEROUX, ÉDITEUR

28, RUE BONAPARTE, 28

1889

AUX LECTEURS FRANÇAIS

Nous voici parvenus à une époque où il est permis d'entrevoir, dans un délai assez rapproché, l'achèvement de la mise en valeur et du peuplement des grandes colonies lointaines, — sauf, peut-être, la Nouvelle-Guinée, — et où il faudra chercher, pour l'émigration, de nouveaux débouchés. Aussi, notre vieux monde tourne-t-il depuis quelque temps ses regards vers l'Afrique, le continent noir, pays mystérieux, dont les cartes, il y a moins de cinquante ans, étaient toutes vides, à l'intérieur, avec ces mots magiques, écrits en grosses lettres : *Grand-Désert. — Contrées inconnues.*

Le voyage de René-Caillé, dans la partie occidentale ; celui de Barth, pour la région des déserts tripolitains et du Soudan ; les patientes investigations de Livingstone, pour le midi et le centre, ont commencé à déchirer le voile qui nous cachait la réalité, et les récits de ces voyageurs ont été pour tous une révélation. Bientôt Speke, Burton, Grant, Schweinfurth, Rohlfs, Lens, Serpa-Pinto, et, tant d'autres, tels que Flatters et ses compagnons, les membres de la mission Choisy, de nombreux ingénieurs et officiers français, ont confirmé, complété les découvertes des premiers explorateurs. Dès lors, nous avons su, d'une manière certaine, que tout le centre de l'Afrique est peuplé, arrosé, fertile, riche, et quiconque réfléchit a entrevu le grand rôle réservé à ce continent dans l'histoire du monde. Maintenant qu'il a livré ses secrets, il deviendra le domaine de l'humanité civilisée, cela est indubitable. Les explorateurs des deux derniers tiers de ce siècle auront préparé le terrain, et le xxᵉ siècle verra certainement la civilisation européenne en recueillir le fruit.

Déjà, Anglais, Allemands, Italiens, Portugais, Belges, Russes, même, multiplient leurs tentatives pour y conquérir de bonnes places. Seule, la France paraît s'en désintéresser ; et cependant, personne n'occupe, à cet égard, une situation plus favorable, puisqu'elle tient presque tout le rivage septentrional, sur la Méditerranée, jusqu'à une profondeur de six cents kilomètres, et est maîtresse du littoral sénégalien, sur l'Océan, d'où elle exerce son action sur le haut-Niger. Nos malheurs de 1870-71, la nécessité de reconstituer nos forces et de nous prémunir contre de nouvelles éventualités, mais aussi, il faut le reconnaître, nos discordes politiques avec l'impuissance qui en est la conséquence, peuvent expliquer ce détachement, non le justifier.

Cependant, il est encore une cause dont l'action n'est pas médiocre : c'est notre ignorance des conditions réelles où se trouvent le Sahara et le Soudan, des difficultés que rencontreraient nos entreprises dans ces régions et des avantages qu'elles nous offriraient. Nous estimons donc qu'il est temps, pour les Français de secouer cette indifférence, et, afin d'y contribuer, nous essayerons, dans les lignes qui suivent de faire justice de traditions et d'erreurs qui ont véritablement trop duré ; d'exposer la situation et la condition d'être actuelles du Sahara et d'indiquer, ou plutôt d'esquisser les mesures à prendre pour y établir la sécurité et nous y implanter. Il serait puéril et outrecuidant d'espérer que des préjugés si fortement enracinés chez nous peuvent être détruits en un jour. Nous nous estimerons trop heureux d'y avoir enfoncé un coin, tout en appelant l'attention des vrais patriotes sur une question qui intéresse à un si haut degré l'avenir de la France.

Ernest MERCIER.

Constantine, le 30 septembre 1888.

LA FRANCE

DANS LE SAHARA ET AU SOUDAN

I

Traditions, Histoire

Depuis les temps les plus reculés, l'Afrique a été entourée d'un voile mystérieux et il faudrait remonter bien loin pour retrouver l'origine des traditions superstitieuses et des fables dont elle a été l'objet. L'antiquité en faisait une île, l'Atlantide, car les anciens n'avaient aucune notion sur la partie méridionale de ce continent, qui finissait, pour eux, au golfe de Guinée. Les historiens y ont placé le séjour d'hommes fantastiques : les Blemmyes, ayant le visage au milieu de la poitrine ; les Egipans, aux jambes de bouc ; les Himantopodes, se traînant eux-mêmes au moyen de courroies leur tenant lieu de pieds... Les animaux sont tout aussi étranges : licornes, serpents ayant une tête à chaque extrémité ; scorpions ailés ; basilic, dont le regard suffit à donner la mort.

Cette faune s'applique aux régions de l'intérieur qu'on désignait sous le nom d'Éthiopie, qui semble venir du grec Αἰθός (brûlé) et dont on nous a transmis la description suivante : C'est un vaste désert de sable, sans eau, que les chameaux seuls peuvent parcourir, et où se rencontrent, à de grandes distances, des oasis, îles de verdure, où les caravanes se reposent lorsqu'elles ont pu échapper au terrible simoun. Strabon compare le désert à une peau de panthère : la partie jaune, c'est la mer de sable, les mouchetures représentent les oasis.

Telles sont les traditions qui se sont transmises en Europe, depuis la plus haute antiquité, sur l'intérieur de l'Afrique et sont arrivées, presque intactes, jusqu'à nous. C'est la description classique du pays, et quiconque a fait quelques études s'est vu inculquer les principes d'Hérodote, de Strabon, de Pline, de Méla, avec quelques rajeunissements, comme par exemple la substitution des Niam-Niam, ou hommes à queue, aux Blemmyes et aux Egipans. Mais, si la faune s'est améliorée quelque peu, l'aspect du pays, resté intact, est gravé dans tous les esprits sous la forme traditionnelle et personne ne peut se représenter le « Désert » autrement que comme une immense mer de sable, dont les vagues sont soulevées par le brûlant simoun, pays inhabité, où le sable efface la trace de nos pas ; où l'on se perdrait sans les poteaux indicateurs jalonnant les routes ; où l'on ne rencontre, sur son chemin que les ossements des caravanes englouties et où l'on n'entend que le cri rauque du lion... (1)

La géologie est venue apporter son concours à la tradition, en enseignant qu'il y avait connexité entre le dessèchement de la mer saharienne et la fusion, ou la formation du glacier des Alpes.

Cet entassement de données effrayantes, conservées et transmises, comme se conservent et se transmettent les erreurs, suffit à peine à expliquer la raison qui a porté jusqu'à nos jours l'élément actif européen à chercher au loin, par delà les mers, dans des pays plus inhospitaliers, et souvent moins productifs, l'emploi de ses forces. Il y a là un problème digne d'attirer l'attention de l'observateur.

(1) Inutile de rappeler que le lion n'existe pas dans le désert et que ce grand fauve ne vit que dans les fourrés épais de la région tellienne.

Comment, en effet, ces traditions ont-elles pu se conserver intactes, alors que les relations commerciales entre l'Europe, l'Orient même, et le littoral africain, ont consacré, de toute antiquité, les échanges avec l'intérieur du continent ? L'Egypte ancienne a exercé son autorité sur le Soudan oriental, sans doute jusqu'à la région des grands lacs, puisque les monuments pharaoniques nous donnent les noms des peuplades de la haute vallée du Nil. Plus récemment, c'est-à-dire vers l'an 23 avant J.-C., Pétronius, préfet d'Egypte, y fit faire une reconnaissance poussée très loin ; et, moins d'un siècle après, on la parcourait de nouveau, selon les ordres de Néron. « La grande caravane, venant de la Haute Egypte, — dit M. Duruy dans son "Histoire des Romains" — arrivait par le sud de la Cyrénaïque, traversait les oasis d'Ammon, d'Audjela et des Garamantes, où *elle trouvait les marchands de Leptis*, puis descendait au sud, par le pays des Atarantes et des Atlantes, *pour rencontrer ceux de la Nigritie.* »

Ainsi, c'est dans ces régions, portant sur nos cartes le nom de désert, que ces échanges s'opéraient, entre les marchands de la Haute-Egypte, ceux de Leptis, venus du littoral de la grande Syrte, et ceux de la Nigritie, venus des rives du Niger. Du reste, les anciens rois de la Berbérie avaient certainement des relations fréquentes avec le Soudan, et en recevaient sans doute leurs éléphants, bien que Pline et Strabon prétendent qu'ils les tiraient de leurs propres forêts. Dans son voyage en Egypte, quatre siècles avant l'ère chrétienne, Hérodote a recueilli, de la bouche de colons grecs de Cyrène, le récit d'un voyage en Nigritie, effectué par cinq Berbères Nasamons, partis de l'oasis d'Audjela. « Il y eut chez eux, — rapporte-t-il — des jeunes gens entreprenants, appartenant à de bonnes familles, qui, ayant atteint l'âge viril, désireux de faire quelque chose de remarquable, désignèrent au sort cinq d'entre eux pour parcourir les déserts de la Lybie et les explorer plus loin que personne ne l'eût fait jusqu'alors. » Ils partent en caravane et atteignent, après des mois, une localité que M. le général Faidherbe identifie, avec beaucoup de probabilité, à l'emplacement de Tenboktou.

Enfin les Romains ont effectué de grandes expéditions dans le sud. Non seulement ils s'étaient fortement établis au Fezzane (Phazanie), après les expéditions de Corn. Balbus, (19 de J.-C) et de Sept. Flaccus, (vers 81), mais encore Domitien, cédant aux instances de Marsys, roi des Nasamons, chargea J. Maternus d'une grande reconnaissance vers l'extrême-sud. Après être parvenus à Garama (Djerma) et s'être adjoints le roi de cette région, les Romains s'enfoncèrent dans le « Désert ». Ils marchèrent pendant sept mois, avec des péripéties diverses et atteignirent le pays riche et peuplé d'Agisymba, d'où ils rapportèrent un butin considérable et de nombreuses curiosités.

Dans une autre région, le préteur S. Paullinus traverse, sous le règne de Claude (en 42), le grand Atlas marocain, et s'avance, après dix journées de marche, « à travers des solitudes couvertes d'une poussière noire où surgissent, çà et là des rochers qui semblent noircis par le feu (1), jusqu'au fleuve Ger (O. Guir). « Ces lieux sont inhabitables, même en hiver, a cause de la grande chaleur » ajoute Pline, qui nous a laissé ce sombre tableau d'un pays qui n'est inhabitable et inhabité que dans certaines parties. C'est encore la manie de la généralisation qui a fait le mal.

Aussi, les occasions d'avoir des renseignements précis n'ont pas fait défaut à l'antiquité ; mais la tradition a prévalu ; les géographes ont préféré copier et recopier les documents d'Hérodote que de porter une main sacrilège sur cet héritage par nous pieusement recueilli. Et puis, il faut bien le dire, le Sahara a été gardé, de tout temps, contre les curieux par ses populations. Lorsque Balbus poursuit les Garamantes, que Tacite appelle *gens indomita et inter accolas latrociniis fecunda*, jusque dans leur repaire, il rétablit le chemin que ces brigands avaient rendu impraticable, en bouchant les puits (Pline). Les Gétules du Sahara

(1) Cette description de la Hammada à grès noir de cette région est d'une remarquable exactitude.

ont été les ennemis les plus redoutables de la colonisation romaine, et pendant des siècles, loin de chercher à pénétrer chez eux, les représentants de l'empire se sont appliqués, sans cesse, à préserver le Tell de leurs incursions, tout en restreignant, de jour en jour, le périmètre de l'occupation.

Dans le cours du moyen-âge, les rapports des gouvernements de la Berbérie avec le Soudan ont été constants. Au XIᵉ siècle, les Messoufa, fraction de la grande tribu berbère des Sanhadja (Sanhaga) au litham (voile), couvraient toute la moitié occidentale du Sahara. Fanatisés par des missionnaires mulsumans qui avaient fait d'eux une secte de puritains guerriers, ils se jetèrent sur Magr'eb-el-Akça (Maroc actuel), le conquirent, en renversant les dynasties arabes et berbères qui s'en disputaient la possession, et fondèrent l'empire des "Marabouts" (el-Merabtine). Ce nom leur avait été donné parce que, dans l'origine, ces sectaires passaient un temps de dure initiation dans des *Rabta* (couvents) établis sur les îlots du Niger. Bientôt les sauvages sahariens, ignorant la langue arabe et les usages civilisés, furent appelés en Espagne par les musulmans, alors près de succomber sous les coups des chrétiens. Arrivés sur le théâtre le plus savant et le plus raffiné de l'époque, ils repoussèrent les « infidèles » ; mais les principicules andalous, ces philosophes délicats et sceptiques, ces poètes présidant de véritables cours d'amour, devinrent la proie de leurs farouches sauveurs dont le nom nous a été transmis par les Espagnols sous la forme altérée d'*Almoravides*.

Pendant ce temps, le reste des Lemtouna, demeuré dans le désert, mettait le Soudan au pillage, détruisait des royautés nègres, riches et pacifiques et étendait son autorité sur le cours supérieur du Niger, dans la région qui a pris leur nom : Sénégal (de Sanhaga).

Ainsi le Sahara, qu'on nous avait présenté comme un désert inhabité, a donné alors une preuve irrécusable de l'intensité de sa vie. Jusque-là, le « Désert » s'était contenté de fournir, au fur et à mesure, ce qui était nécessaire en hommes aux tribus limitrophes du Tell qui, par un mouvement lent et ininterrompu, s'étendaient sur les anciennes populations des hauts plateaux ou les remplaçaient. A cette époque remarquable, l'élément saharien, représenté par de puissantes familles, déborde, au nord et au sud, et conquiert, de haute lutte la suprématie, On sait, par maints exemples, combien les fruits de ces victoires de la barbarie sur la civilisation sont précaires : le vainqueur essaie gauchement de se transformer, perd ses qualités et son ressort et ne tarde pas être absorbé par le vaincu. Ce fut le sort des Lemtouna : ils disparurent après une heure de gloire ; tandis que leurs frères pauvres continuaient à vivre de la rude existence du saharien.

Mais notre but n'est pas de faire la philosophie de cette histoire. Revenons au Soudan. Il n'y resta, de la conquête almoravide, que le souvenir des excès commis et l'introduction de la religion islamique ; pour se préserver de nouvelles attaques, les rois nègres s'empressèrent d'envoyer des ambassadeurs, avec présents et protestations d'amitié, aux khalifes hafsides de Tunis et aux sultans merinides de Fès. Vers la fin du XVIe siècle, une dynastie noire, celle des Sokia, règne à Tenboctou, métropole du Soudan. Cette ville, de fondation relativement nouvelle, est non seulement la capitale du souverain, le marché commercial le plus important peut-être de toute l'Afrique intérieure, c'est encore la cité des lettres, un centre religieux orthodoxe, ayant à sa tête un légiste et un écrivain, Ahmed-Baba, descendant d'une famille de savants, auteur d'un grand nombre d'ouvrages, parmi lesquels une histoire du Soudan, chef d'une école de lettrés, nègres comme lui, dont il nous a transmis les noms et les travaux (1).

A cette époque, l'empire du Magr'eb, (Maroc), qui a supporté de si rudes coups de la part des chrétiens, au commencement du siècle, et a failli se dissoudre dans les faibles mains des derniers représentants de la dynastie merinide, naguère si glorieuse, cet empire s'est relevé

(1) Dans le *Tekmilet-ed-Dibadj*.

sous la direction des cherifs Saadiens. En 1578, après la bataille d'El Kçar-el-kebir, qui a coûté la vie à trois rois, Ahmed-el-Mansour, cherif saadien, s'empare de l'autorité et ne tarde pas, grâce à son énergie et à son habileté, à se débarrasser de toute crainte de la part des Espagnols et des Portugais, terrifiés par leur défaite, et avec lesquels il traite ; il se dégage aussi d'une tutelle plus gênante, celle des Turcs ; puis il écrase ses compétiteurs et reste enfin maître incontesté du Magr'eb.

Il se tourne alors vers le sud et prépare une expédition contre les groupes d'oasis du Touate et de Tigourarine, en plein Sahara, qui ne reconnaissaient plus aucune autorité. L'armée avait été admirablement réorganisée par lui, et, tandis que ses prédécesseurs ne s'appuyaient que sur les renégats et les Turcs, il y a su incorporer tous les éléments dont il disposait : Berbères, Maures andalous, Arabes, auxiliaires levantins, renégats et adopter une tactique en rapport avec le pays et avec les aptitudes de ces divers éléments. Ses généraux (caïds) partent de Maroc, à la tête de bonnes troupes, et, après soixante-dix étapes, arrivent au Touate. Les gens des oasis sont en armes et résolus à se défendre, mais les troupes marocaines, mieux armées et dirigées par des officiers formés à l'école turque, se rendent maîtresses de toute la région (1589).

Ce résultat était trop encourageant pour que le souverain du Mag'reb ne songeât pas à porter plus loin ses armes afin de rabaisser l'orgueil du roi nègre de Tenboktou, qui jouait au sultan. Mais il fallait un prétexte pour attaquer ce mulsuman orthodoxe, dont l'ancêtre, dans un voyage à La Mekke, avait reçu du khalife abasside le titre de *lieutenant du prince des croyants dans la Nigritie*. Ahmed-el-Mansour le trouva en lui réclamant une redevance considérable pour sa part dans le produit des mines de sel de Tar'aza, situées à vingt-cinq journées au sud de Tafilala. Le roi nègre Ishak-Sokia, fort de son droit, répondit par une fin de non recevoir ; et, pour statuer sur cette déclaration de principe, le sultan du Maroc convoqua son grand conseil, lui soumit le cas et demanda aux assistants ce qu'ils pensaient d'une expédition au Soudan.

Aussitôt, chacun se récrie : l'un parle de l'éloignement, l'autre fait valoir la difficulté des communications, la rareté de l'eau, mais El-Mansour, interrompant les orateurs leur dit : « Vos objections ne sont pas fondées et n'arrêtent nullement ma résolution. Vous prétendez que le désert est plein de dangers et que l'on y meurt de soif ; mais, ne voyons-nous pas, chaque jour de faibles caravanes de marchands paisibles s'y engager hardiment, les uns à pied, d'autres sur des montures ? On voit même des gens partir seuls ; néanmoins, ces voyageurs atteignent toujours le pays des Noirs. » Puis il fait ressortir l'avantage que donnent à ses troupes les armes à feu et ajoute : *le Soudan est un pays bien plus riche que l'Ifrikiya* (province de Constantine, Tunisie et Tripolitaine). » Enfin il conclut : « Vous avez parlé des anciens ; mais ils ont heureusement beaucoup laissé à faire aux modernes, et ceux-ci peuvent se lancer dans des entreprises qui étaient fermées à leurs devanciers ! »

En présence de cette fière déclaration d'un despote, il ne restait aux conseillers qu'à approuver : ainsi firent-ils avec unanimité. Aussitôt, le sultan s'occupa des préparatifs avec son activité ordinaire. Il réunit quarante mille hommes choisis, ainsi qu'une grande quantité de chevaux et de bêtes de somme, et eut soin de leur adjoindre des magiciens et jeteurs de sort, excellente précaution à l'égard des populations, encore à demi-fétichistes, qu'on allait combattre. Le commandement de l'expédition fut confié par lui au pacha Djouder, et, vers la fin d'octobre 1590, l'armée quitta, en grande pompe, Maroc et s'enfonça par étapes, dans les régions du sud, retardée par son immensité même. Au commencement de mars, elle arrivait à Tenboktou et mettait en déroute l'armée du roi nègre qui avait voulu l'arrêter. Djouder entra en vainqueur dans la métropole du Soudan et força Ishak-Sokia à franchir le Niger, pour chercher un refuge à Gar'ou. Après avoir adressé à son maître un butin considérable, se composant de dix mille Mithkal (de 5 grammes chacun) d'or, deux cents esclaves, et une masse d'objets précieux, le pacha alla entreprendre le siège de Gar'ou. Perdant alors tout espoir, le roi nègre offrit sa soumission au sultan de Mag'reb, avec la promesse de lui payer une forte indemnité et de lui servir un tribut annuel. Sa proposition fut transmise à Maroc, et, en attendant la réponse, le pacha Djouder, dont l'armée était fatiguée, rentra à Tenboktou.

La colère d'El-Mansour, en recevant cette nouvelle, fut grande ; il répondit aux propositions de Djouder, par une destitution pure et simple. Son successeur, le pacha Mahmoud, reçut l'ordre formel d'achever la conquête du Soudan. Le nouveau chef de l'armée expéditionnaire reprit alors la route de Gar'ou ; mais Ishak-Sokia avait préparé un autre centre de résistance à Koukia, bien plus au sud, et, lorsqu'il se vit perdu, il abandonna Gar'ou, poursuivi de près par le général marocain, qui ne lui laissa aucun répit, si bien qu'il ne tarda pas à succomber à la fatigue et à l'inquiétude. La mort de Sokia mit fin à la résistance : le Soudan était conquis et Mahmoud s'appliqua à en régler l'administration. Il commença par renvoyer la moitié de son armée, avec 1200 esclaves des deux sexes, quarante chameaux chargés de poudre d'or, des billes d'ébène, des produits divers de l'industrie de ces régions et des animaux de la Nigritie. Au mois de mai 1594, El Mansour reçut à Maroc son armée victorieuse et ces dépouilles, dont la richesse dépassait tout ce que les rêves les plus extravagants auraient pu entrevoir. L'enthousiasme fut à son comble dans la capitale et se traduisit par des fêtes interminables. L'or devint si abondant au Maroc, que le sultan en reçut le surnom de Dehebi (Doré). « On put, dit l'auteur indigène auquel nous empruntons ces détails, payer tous les fonctionnaires en dinars d'or, *purs de tout alliage* ! » Pour employer ces richesses, El Mansour fit construire à Maroc cet admirable palais de la Badiâa, où il employa les matériaux les plus précieux apportés à grands frais de tous les pays, et dont un de ses successeurs devait faire disparaître jusqu'aux traces. Signalons en passant ce détail, que le marbre de Carare était payé par lui, poids pour poids, en sucre, provenant de ses fabriques de Maroc, du Haha et de Chefchaoua, (s'il faut en croire notre auteur) (1).

Avec les dépouilles opimes apportées du Soudan, se trouvait Ahmed-Baba, le savant de Tenboktou, arraché brutalement à ses études et envoyé à Maroc après avoir vu mettre au pillage sa chère bibliothèque. « Elle contenait seize cents volumes, — a-t-il dit lui-même, — et cependant, de toute ma famille, je suis celui qui possède le moins de livres. » Il subit deux années de détention ; ayant alors été mis en liberté, il fut admis à présenter ses compliments au sultan. Celui-ci se tenait, selon son habitude, derrière un voile ; mais le docteur nègre l'invita assez rudement à enlever ce rideau, car il n'avait sans doute pas la prétention de s'assimiler au « rois des rois, » puis, au lieu de se confondre en remerciements : « pourquoi, lui dit-il, avez-vous fait piller ma maison, disperser mes livres ? Pourquoi m'a-t-on chargé de fers et amené ici avec tant de brutalité, qu'en tombant de ma monture je me suis cassé la jambe ? »

Le sultan se justifia sur les nécessités de la politique et l'influence que Ben-Baba et sa famille possédaient à Tenboktou, et qu'il n'aurait pas manqué d'employer contre les conquérants.

Mais, nous nous laissons entraîner par ces intéressants détails, puisés dans le *Nozhet-el-Hadi*, ou histoire des souverains du onzième siècle (de l'ère mulsulmane) au Maroc, par Mohammed el-Oufrani, ouvrage dont M. Houdas, professeur à l'école des langues orientales vivantes, vient de publier le texte arabe complet (2). Que le lecteur veuille bien nous pardonner tant de digressions.

(1) On produit encore du sucre dans ces régions.
(2) Leroux édit. 1888 et la traduction (1889).

II

Description géographique et ethnographique.

Si nous sommes entré dans les détails qui précèdent et qu'il était facile d'étendre encore, c'était afin de démontrer que, depuis les temps les plus reculés, le Soudan et le Sahara ont lié leur histoire à celle de la Berbérie.

Reprenons maintenant le sujet, au point de vue purement descriptif, pour justifier nos critiques contre les traditions sur lesquelles on vit en Europe depuis vingt-cinq siècles, relativement au Sahara. Les voyages de Caillé, de Barth, de MM. H. Duveyrier, Rohlfs, Largeau, Soleillet, Lenz ; les travaux de nombreux géologues modernes ; les rapports de diverses missions, notamment celle de Flatters et celle de M. Choisy ; les documents fournis chaque jour par nos administrateurs dans l'extrême sud, particulièrement par le capitaine Le Chatelier ; les articles de l'ingénieur Rolland, du commandant Parisot et autres géographes, nous serviront de guides.

Commençons par définir la superficie du Sahara. Ici, la difficulté commence. Où placera-t-on la limite septentrionale ? Au sud des provinces d'Alger et de Constantine, il est évident que l'ouad-Djedi la forme à peu près. Nous nous trouvons là sur le 34° de latitude ; mais, si nous le suivons vers l'ouest, nous serons bientôt au milieu des hauts plateaux de la province d'Oran, qui peuvent revendiquer le nom de Sahara ; puis nous nous heurterons au massif du grand Atlas marocain qui se prolonge vers le sud, en reportant la région tellienne à 550 kilomètres environ, au midi, et c'est l'ouad Deraa que nous prendrons là pour limite du Sahara, vers le 29°. Du côté de l'est, si nous adoptions le 34°, nous placerions Tripoli et les montagnes de R'ariane et de Nefouça

2

en plein Sahara, et il faut descendre d'au moins deux degrés. Prenons donc pour limite septentrionale, une ligne brisée théorique qui partira, à l'ouest du 29° de latitude jusqu'à la rencontre du 5° de longitude occidentale, remontons, avec lui jusqu'au 34° de latitude que nous suivrons jusqu'au 6° de longitude orientale ; de là descendons au 33° de latitude suivons-le jusqu'au 8° de longitude, descendons encore d'un degré de latitude, et arrivons, avec le 32°, au 12° de longitude qui formera notre limite orientale, en laissant de côté le désert de Libye, dont nous n'avons pas à nous occuper ; nous descendrons ainsi jusqu'au 19° de latitude pris comme notre limite méridionale.

Ainsi, notre Sahara se trouvera circonscrit entre le 12° de longitude orientale et le 14° de longitude occidentale et s'étendra dans sa plus grande profondeur, du 34° au 19° de latitude septentrionale. Il aura donc environ 2900 kilomètres de largeur, sur environ 1700 kilomètres au point le plus profond. Le centre de ce vaste espace, par rapport à Alger, sera à la rencontre du méridien de Paris, avec le 27° de longitude et nous y trouverons presque exactement l'oasis d'In-Salah. A environ 300 kilomètres au sud de ce point central s'élève le massif du Ahaggar, refuge des Touareg-Haggar, dont le sommet atteint près de trois mille mètres d'altitude et dont les crêtes sont couvertes de neige, en hiver, pendant des mois entiers. Ces montagnes forment le nœud d'où dérive le système orographique du Sahara. Nous ne retrouvons la même altitude que dans le grand Atlas marocain dont les plus hauts sommets s'élèvent à près de 4.000 mètres. Quant au Djebel-Amour qui constitue la limite du Sahara algérien au nord, il ne dépasse pas deux mille mètres d'altitude ; de même le Djebel Aourès, au sud de la province de Constantine, atteint à peine 2.300 mètres, ce qui n'est pas une différence sensible.

Du massif de l'Ahaggar partent deux grandes vallées; l'une, l'ouad Ir'ar'ar, (mot qui signifie en berbère : eau courante), se prolonge au nord, sur une longueur d'un millier de kilomètres, en recueillant sur son parcours de nombreux affluents, pour aboutir à l'Ouad-Rir' (altitude moyenne d'une centaine de mètres) dans lequel il se fond et qui va lui-même se perdre dans la cuvette du Chott Melrir', au-dessous du niveau de la mer. L'autre vallée, formée d'abord par la rivière dite Tine-Tarabine, reçoit d'importants affluents, notamment le Tine-Afalélé, recueillant les eaux du plateau d'Inhef, à l'est, et coule directement au sud, vers le Soudan.

Nous avons dit que l'Ouad-Ir'ar'ar est continué par l'Ouad-Rir'. Celui-ci reçoit, en outre l'Ouad-Mïa, venant de l'extrémité du plateau de Tademaït, à 600 kilomètres environ, au sud-ouest. Cette vallée, qui traverse le plateau de Tademaït en le déchiquetant, recueille toutes les eaux des plateaux de l'ouest, par l'O. Zegrir, l'O. En-Neça, l'O. Mezab et tant d'autres, puisqu'on prétend que leur nombre s'élève à cent (Mïa), ce qui lui a valu son nom.

Quant aux eaux venant du versant sud du Djebel-Amour et de l'Aourès, elles sont recueillies par l'O. Djedi qui coule vers l'est, et vient se perdre encore dans la cuvette du Melrir'. Ainsi ce bas fond, et la vallée de l'O. Rir' sont le réceptacle d'un immense bassin de 1100 kilomètres environ de profondeur sur 900 de largeur.

Dans la région occidentale du Sahara, la pente des eaux court en sens opposé. C'est d'abord, descendant des hauts plateaux de la province d'Oran, l'O. El-R'arbi, puis l'O. En-Namous, qui coulent directement au sud, et disparaissent dans les sables de l'Areg. Puis, nous rencontrons l'O. Guir, recueillant les eaux des plus hauts sommets de l'Atlas marocain, (versant méridional), coulant au sud-est, recevant l'O. Zouzfana à Igli, allant sous le nom d'O. Messaoura, arroser la vaste région d'oasis du Gourara et du Touat, et se perdant sous le celui d'O. Messaoud, après un cours d'environ 700 kilomètres, dans la cuvette saharienne qui se trouve au-dessous. Enfin, encore plus à l'ouest, nous rencontrons l'Ouad-Ziz, qui descend aussi du grand Atlas, coule droit au sud, arrose la belle région d'oasis du Tafilala et se perd ensuite dans l'Areg.

Ainsi, la ligne de partage des eaux suit à peu près

le trajet du 1er degré de longitude occidentale, jusqu'à l'oasis d'In-Salah, avec cette particularité, qu'à l'est, la pente est au nord, et à l'ouest, au sud. La limite de chaque thalweg est constituée par la falaise d'El-Loua, à l'ouest du Mezab, El Goléa, et enfin le plateau de Tademaït dominant In-Salah.

Au sud, la ligne de partage part du Djebel-Ahaggar, dont les eaux, en outre de ses deux grands exutoires nord et sud, coulent à l'ouest par l'ouad-Guedem, vers Afalélé, à l'extrémité méridionale de l'Areg, où elles se perdent.

Plus au sud, une autre rivière, partant du plateau du Tasili méridional, coule également à l'ouest et va arroser, sur le 22e degré de latitude, les oasis de Mabrouk, au sud desquelles se rencontre le thalweg du Niger.

Nous négligeons à dessein, la partie occidentale du Sahara, moins connue et en dehors de notre action et de nos intérêts.

Les détails dans lesquels nous sommes entrés, sur l'orographie du Sahara permettront-ils de faire bien saisir la géoplastie de cette contrée? Nous l'espérons afin qu'on nous pardonne leur aridité. Ainsi, ce « désert » que nous avons été élevés à considérer comme une « mer de sable » possède au centre un massif montagneux de trois mille mètres d'altitude, dont les sommets sont couverts de neige pendant trois mois de l'année, et que les voyageurs comparent à une « petite Suisse! » De tous côtés, on le comprend, ce nœud est entourée de montagnes moins hautes et, enfin, de plateaux. A l'est se trouve le Fezzane, autre région d'oasis, dépendant de Tripoli.

Les aspects du Sahara, ainsi qu'on a pu s'en rendre compte, au lieu d'être uniformes, sont, au contraire variés. Les éléments qui les composent, peuvent être réduits dans la classification suivante :

1. — Les montagnes, plus ou moins fertiles selon la nature des roches dont elles sont formées et l'abondance de leurs eaux. Leur constitution géologique comprend

les granites, gneiss et micaschites, plus quelques basaltes. On y trouve des volcans éteints, de l'époque quaternaire proprement dite. Elles sont toutes habitées par des populations se livrant à l'élève des bestiaux et qui commencent à faire cultiver par leurs esclaves, les céréales dont elles ont besoin.

II. — Les *Hammada*, plateaux calcaires, secs, pierreux, absolument arides, où l'eau est rare. Ce sont, peut-être, les régions les plus dangereuses du Sahara, et la plupart des Hammada méritent le nom de désert. Ces plateaux se terminent souvent, d'un ou de plusieurs côtés, par de véritables falaises à pic ; quelquefois de profondes dépressions les traversent, et l'on voit, dans leur voisinage ces témoins que les indigènes appellent *Gara* (plur. Gour), sortes de tables isolées, s'élevant sur un pied à des hauteurs relativement considérables.

III. — Les vallées, ou *oudd*, recueillant les eaux des montagnes et des plateaux. Ces eaux, lorsqu'elles ne coulent pas à la surface, suivent la vallée par un cours souterrain, ainsi que M. l'ingénieur Rolland l'explique fort bien. « Les vallées du Sahara, dit-il, bien que sèches en apparence, possèdent d'ordinaire un écoulement entre les sables et les graviers qui garnissent leur lit. Leurs eaux sont ainsi protégées contre l'évaporation si active de la surface (1). » Dans ces vallées quelquefois largement ouvertes, sont les oasis occupant, en maints endroits, des espaces très étendus, où elles forment des cantons d'une véritable richesse, comme le Gourara, le Touate, In-Salah, l'Ouad-Rir', le Souf, etc. On y cultive particulièrement le palmier, des arbres fruitiers en nombre plus restreint, des légumes, des céréales, et autrefois le coton et la canne à sucre.

Dans les parties hautes de ces vallées et dans les plaines qui y aboutissent, la fertilité est moins grande, cependant on y trouve des puits et quelquefois des sources, et dans les replis de terrain, (*Feïdh*) en hiver et au printemps, des *Ogla* et des *R'edir*, réservoirs naturels de l'eau des pluies, entourés souvent de végé-

(1) Orographie du Sahara. (Bull. de la Soc. de Géographie 1880).

tation arborescente : pistachiers-térébinthe, tamaris, mimosas. M. Le Châtelier décrit comme suit un de ces bosquets : « Dans ces maader (pâturages), où les gommiers et les ethels forment de petits bouquets de bois, au milieu d'amoncellements de sable couverts d'une végétation vigoureuse de plantes fouragères... ; quelques sources laissent, çà et là, couler un mince filet d'eau et de nombreux puits se trouvent partout. » M. l'ingénieur Rolland évalue à la moitié de la superficie du Sahara, ces régions qu'il classe, avec certaines Hammada, dans les terrains de formation saharienne (alluvions quaternaires et atterrissements sahariens.)

IV. Enfin les dunes de sable, « formations aériennes de l'époque actuelle (Rolland) », portant en général, le nom d'*Areg*, ou *Erg*. La plus grande étendue de l'Areg est au sud du Gourara et de Tafilala, où il couvre environ 400 kilomètres carrés, jusqu'à Afalélé ; c'est l'Areg occidental. On trouve encore l'Areg sur une grande surface entre le plateau de Tadmaït, le Mezab et la région de Figuig ; et enfin l'Areg oriental, au sud de l'Ouad-Rir', entre Maader, R'adamès et Bereçof, au sud des Sebkha de la Tunisie. Tels sont les principaux espaces couverts de sable, car on rencontre de petites dunes en maints autres endroits.

On connaît la façon dont se forment les dunes, par l'accumulation du sable roulant sur lui-même, dans la direction du vent, pour aboutir, par une pente douce, à un ébouli presque toujours à pic, et au pied duquel on trouve de l'humidité et de la végétation. D'après M. Rolland, les grandes dunes suivent presque toujours le relief du sol sur lequel elles reposent et sont par conséquent, peu mobiles. Selon cet ingénieur, la superficie totale occupée par le sable ne peut pas être estimée à plus d'un neuvième du Sahara ; il est facile de l'éviter en partie ; et, du reste, on traverse les Areg sans plus de danger que bien d'autres passages ; on y rencontre des oasis, et, en creusant dans les dépressions, on fait souvent des puits instantanés où l'on trouve de l'eau.

Ici, nous demandons à faire encore une digression.

Quelle est l'origine de ce sable? Autrefois, la réponse eût été, invariablement, que c'était le sable de l'ancienne mer saharienne. Mais, de nos jours, l'existence de cette mer est très contestée par les géologues, et les détails dans lesquels nous sommes entrés, sur la conformation physique du Sahara, ont pu, nous semble-t-il, faire naître des doutes dans bien des esprits.

Pour M. Pomel, directeur de l'école supérieure des sciences, à Alger, de même que pour M. Grad, l'éminent géographe alsacien, et enfin, pour M. l'ingénieur Rolland, le Sahara n'est pas le lit d'une ancienne mer. Les géologues sont d'accord pour classer la plus grande partie des formations sahariennes dans l'époque quaternaire ; mais, en dehors de la découverte de rares fossiles pouvant se ranger dans la catégorie des mollusques marins, faite par MM. Desor et Martins, personne n'a trouvé dans le Sahara de coquilles marines proprement dites, tandis que les coquilles de mollusques terrestres ou d'eau douce s'y rencontrent en quantités innombrables. Aussi M. Pomel s'exprime-t-il comme suit, dans ses « *Considérations sur le régime des eaux du Sahara :* » « Le massif de l'Ahaggar était antérieurement construit, et ce n'est pas son soulèvement qui a pu émerger le Sahara de la mer quaternaire. Quelle que soit l'immense étendue de cette formation, *il n'est point nécessaire d'inventer une mer pour l'expliquer ; car, sans compter qu'il serait inadmissible qu'elle n'y ait laissé aucune trace d'organisme marin, elle n'aurait point déposé ses sédiments à la manière des autres mers.* Un climat très humide peut, tout aussi bien, expliquer l'accumulation des débris quaternaires par des pluies diluviennes dont celles des régions équinoxiales nous donnent presque l'image dans les bassins supérieurs qui affluent au Nil. Un affaiblissement de cette constitution climatérique peut rendre compte de l'érosion consécutive des matériaux détritiques, pour le creusement des oueds, puis, pour la formation des bassins des Sebkhas et, peut-être, la préparation des matériaux des dunes. »

M. Grad se range à peu près à cette opinion ; quant

à M. Rolland, voici ce qu'il dit : « La grande formation
que j'englobe sous la dénomination de *terrain saharien*, formation récente, au point de vue géologique,
d'âge quaternaire ancien ou plutôt pliocène, est celle
sur laquelle il a été si souvent discuté pour savoir si
elle était d'origine marine, ou non. Dans les publica-
tions citées, j'ai exposé pourquoi et comment cette formation ne devait pas être considérée comme déposée
par une mer saharienne récente, mais, au contraire,
représente des atterrissements continentaux, (terrains
de transport et terrains lacustres) déposés par des eaux
diluviennes (1). »

Pour ces géologues le sable est le produit de roches
décomposées, roulé sur les plateaux durs et pierreux
par le vent, réduit ainsi en poudre impalpable et amassé
dans les bas fonds et les régions de dunes. C'est l'avis
de M Rolland qui a parfaitement décrit cette formation
et que nous ne saurions trop citer. « Les éléments des
sables, dit-il, proviennent de la désagrégation, lente
mais continue, de ces terrains, sous les influences
athmosphériques. En l'absence d'humidité et de végétation, rien ne fixe les matériaux ainsi rendus libres et
meubles, lesquels sont livrés intégralement à l'action du
vent, qui opère le triage et le classement des éléments
désagrégés ; il roule les grains de quartz à la surface du
désert, et, à certains endroits déterminés, les amoncelle
en dunes... Les grandes dunes ne sont pas mobiles sous
l'action du vent qui les a formées et l'ouragan le plus
violent ne les remue que sous une faible épaisseur. La
fixité des grandes dunes du Sahara n'exclut pas la cir-
culation des sables à leur surface et n'est pas elle-même
absolue ; il y a un va et vient du pulvérin sableux sous
l'impulsion du vent qui balaye sans cesse le désert entre
les dunes ; mais, en fin de compte, ces échanges ne s'é-
quivalent pas et il y a transport vers l'est et vers le sud
dans le Sahara algérien du moins (2). » Ainsi, c'est contre

(1) Hydrographie et orographie du Sahara algérien. (Bull. de la
soc. de Géographie, 1880, p. 205 et suiv.)
(2) Loc. cit. p. 213, 214.

le sud et l'est, que les sables s'avancent; voilà qui renversera encore bien des préjugés.

Nous n'ajouterons rien à ce qui précède, espérant que la légende du Sahara « fond de mer » est bien entamée. Reste la légende du « désert sans eau et inhabité. » Eh bien, nous n'hésiterons pas à proclamer que le Sahara n'est pas un désert ; il renferme, il est vrai, des parties désertes, arides, dangereuses, sans eau ; mais, cela n'est nullement uniforme, car il est habité et l'a toujours été, étant habitable. Il n'est donc pas impossible, mais même, pas difficile de le traverser, puisqu'on y trouve de l'eau presque partout, sur les routes usitées, et l'on peut y résider en maints endroits. Tout prouve, du reste qu'il a été autrefois plus peuplé que maintenant, car, à chaque pas les voyageurs rencontrent des indices significatifs, sous la forme de vestiges de villes d'une grande étendue. L'insécurité, les rivalités de tribus, les guerres religieuses, les émigrations vers le Tell, ont amené ce dépeuplement.

Prenons, comme exemple, la vallée de l'Ouad Mïa, en amont d'Ouagla ; on y trouve non seulement les traces d'établissements considérables, d'une époque relativement récente, mais encore des ateliers nombreux de taille de silex, ce qui est, pour ainsi dire inconnu dans le Tell de la Berbérie. Ne savons-nous pas qu'au moyen-âge, les tribus zenètes des Beni-Mezab occupaient cette vallée, entourés par leurs cousins de la famille d'Ouacine, et qu'ayant accueilli l'hérésie kharedjite et les émigrés de cette secte venant de Tiharet, où la dynastie rostemide avait transporté ses pénates, ils résistèrent longtemps aux attaques des orthodoxes. Forcés enfin, devant le nombre, d'évacuer la vallée d'Ouargla, les Beni Mezab, (Mozabites) cherchèrent un refuge sur les plateaux qui s'étendent au sud-ouest, jusqu'à El-Goléa, à la ligne de partage des eaux dont nous avons parlé, ayant une altitude qui varie de 700 à 450 mètres. Ils se sont fixés là, dans une de ces régions de mamelons, dont les arêtes dénudées par l'action des eaux, se croisent en tout sens ce qui les fait ressembler, pour une imagination de Saharien, à un filet (Chebka) ; cette région a donc été appelée Chebka du Mezab. Dans ce refuge, les Mozabites purent vivre tranquilles et pratiquer en paix leur culte dissident qu'ils appelèrent *Abadisme* (Eïbadisme, selon de Slane) ; mais au prix de quels travaux, de quel génie mirent-ils en valeur cette nouvelle patrie ! Avec quel soin recueil-lirent-ils les moindres gouttes d'eau ; au moyen de quelle industrie firent-ils réussir leurs plantations de pal-miers !

Spectacle digne d'admiration : les beni-Mozab sont arrivés à créer cinq villes importantes dans leur Chebka et y ont atteint le chiffre de quarante mille âmes de po-pulation. Mais ce qui, pour l'ethnographie, a une valeur inappréciable, ils ont conservé, ces hérétiques qui ne pouvaient ni ne voulaient s'unir aux populations voi-sines, berbères, arabes et croisées, le pur type Zenète, beaucoup plus empreint de sémitisme que les autres berbères. Forcé de s'ingénier pour vivre, avec une telle densité de population, le Mezabi est allé dans les villes du Tell de l'Algérie et de la Tunisie, exercer ses remar-quables facultés pour le commerce tout en conservant ses aptitudes guerrières et son amour de la poudre. Du reste, entretenant pour son pays sauvage, une affection filiale, il ne s'est expatrié que temporairement, et dès qu'il a pu amasser un pécule, il retourne à la Chebka, pour s'y marier, ou rejoindre sa femme, et emploie son argent à acheter une maison, un petit terrain, toutes choses qui atteignent une valeur inouïe, dans ce coin du Sahara. Voilà ce que peut produire chez l'homme le sentiment religieux combattu. Pendant ce temps, les régions fertiles des vallées qu'ils avaient dû abandonner retournaient en partie, à l'état sauvage.

Certes, le Sahara est peuplé, mais s'il l'était partout autant que dans la Chebka du Mezab, il pourrait sous ce rapport, soutenir la comparaison avec beaucoup d'autres pays, et cela ne serait pas sans compliquer la question.

Le fond de la population du Sahara est berbère, de cette vieille race autochthone qu'on peut appeler afri-caine. A l'est, ce sont les Hoggar, Azdjer et autres frac-tions des Houara des auteurs arabes, faisant partie de la grande famille que nous avons nommée *Berbères de l'Est* (1). Dans la moitié occidentale, ce sont les *Sanhaga porteurs de voile*, frères des Almoravides du xi° siècle dont une des branches est celle des Targa (pluriel Touareg), nom que nous avons appliqué à toutes les populations sahariennes portant le litham (voile). Dans les oasis du nord et de la partie moyenne, l'élément zenète, berbère d'origine évidemment plus récente, insinué comme un coin, dans les hauts plateaux, entre la vieille race, semble dominer. Quelques tribus arabes ou de Berbères arabisés, telles que les Chaânba, Mekhadma etc., vivent en nomades sur la limite qui touche aux hauts plateaux d'Algérie ; d'autres sont établies auprès des oasis qu'elles dominent sous le titre de *protection* (Khefara).

Dans les oasis, on trouve en outre une population croisée de berbère et de nègre, dont le type est fort laid mais qui offre une grande résistance à l'atteinte de la mal'aria (Tehem). Ouargla nous en donne un curieux spécimen. C'est sur ces gens, appelés souvent *harrathine* (laboureurs), véritables serfs, que porte le dur travail de la culture du palmier et de l'entretien des jardins. La population de l'Ouad-Souf, imprégnée de sang nègre, mais à un moindre degré, a réalisé des prodiges en créant des oasis dans les sables. Comme le Mezabi, le Soufi est commerçant et vient en Algérie et en Tunisie contribuer à l'extension du commerce ; il est en outre tisseur remarquable et produit des *haïk* et des burnous renommés. Son esprit est aussi ouvert que celui du Mezabi, mais sans fanatisme. Les Juifs enfin ont de nombreux représentants dans les oasis du Sahara, même au Mezab. Ceux de Touggourt ont dû, autrefois, se convertir à l'islamisme, que le sultan Ben-Djellab leur a imposé sous peine de mort ; ils forment un groupe assez curieux appelé les *Mehadjerine*.

Enfin, il ne faut pas oublier l'élément religieux des *Marabouts* venus, soit de la pépinière inépuisable de Saguïet-el-Hamra, au sud du Maroc, soit d'autres régions, et qui ont fondé des Zaouïa, comme celle des

---

(1) *Histoire de l'Afrique septentrionale*, (Berbérie). T. 1er, 2e partie.

Tidjanïa à Temacine, ou celles d'In-Salah, et autour desquelles se groupe une population formant le noyau d'un centre religieux.

En vérité, le pays dont nous venons d'essayer de donner un aperçu peut-il s'appeler un désert ? Certes les parties inhabitées et inhabitables ne manquent pas dans le Sahara ; ce sont, si l'on veut, des déserts, mais l'ensemble n'est pas un « désert, » et sous ce rapport, l'Australie, le Far West de l'Amérique du nord, certains plateaux de l'Amérique du sud, les plateaux de l'Asie centrale offrent des déserts inhabités et infertiles autrement étendus que notre Sahara.

Rien, du reste, d'aussi peu précis que ce mot. Nos soldats, pendant les premières années de la conquête, l'ont cherché partout, ce fameux désert, de même qu'ils cherchaient l' « Atlas. » Ne trouvant rien qui répondît exactement à l'idée qu'ils s'en étaient faite, ils ont inventé les mots « *petit-désert* » qu'on a appliqué, tantôt à la plaine des Angad, tantôt au Hodna, tantôt aux steppes des hauts plateaux, et le nom de « *petit-Atlas* » qu'ils ont donné aux premières montagnes, derrière Blida. Alors, nos géographes de cabinet ont tracé sur leurs cartes, parallèlement au littoral africain, deux chenilles : sur l'une, on a écrit « *Petit-Atlas* » sur l'autre « *Grand-Atlas* » et, entre les deux « *Petit-Désert*. »Car, enfin, s'il y a un grand désert, il doit y avoir un petit désert et réciproquement, l'un étant la conséquence de l'autre. Plus tard, il a bien fallu reconnaître que le réseau de montagnes qui couvre le nord de la Berbérie, forme des groupes comme le Djerdjera, sur le littoral, l'Ouarensenis, au centre de la province d'Alger, l'Aourès, au sud de Constantine, massifs qui atteignent tous plus de 2.000 mètres d'altitude, et tant d'autres moins importants, mais ayant chacun des noms et des caractères différents. Cependant, les gens à système n'ont retenu que ce fait : les hauts plateaux de la province d'Oran, dont l'altitude varie entre 800 et 1400 mètres, se rattachent, sans interruption, au Djebel Amour (2.000 mètres) à l'extrême sud de la province d'Alger. Alors, sans s'apercevoir de la grande largeur des plateaux en question, ils ont tracé une nouvelle chenille reliant le Djebel-Amour à l'extrémité sud des grandes montagnes marocaines, et ont inscrit dessus : « *Grand-Atlas* » puis ils ont fait déménager le « petit-désert » vers le sud... Et qu'on ne nous accuse pas d'exagération, car il n'y a pas longtemps, — si toutefois cela n'existe encore, — qu'on enseignait ainsi aux petits algériens la géographie de leur pays, au moyen de traités officiellement approuvés.

III

Mœurs des Sahariens

Nous croyons avoir démontré que la traversée du Sahara, son occupation même, sur des points déterminés, ne doivent plus nous effrayer. Nous ajouterons qu'en maints endroits, il se prêtera à différents genres d'exploitation agricole et industrielle. Pour l'établir, il n'y a qu'à rappeler que ni le climat, ni l'absence de chemins, ni les animaux malfaisants n'ont arrêté les voyageurs ; la seule difficulté qu'ils ont rencontrée et contre laquelle ils ont presque tous échoué, est venue des hommes. Ce sont les Touareg qui ont tué Dourneau Duperré et Joubert, les missionnaires Paulmier, Ménoret et Boujaud, les pères Richard et Kermabon, mademoiselle Tinné, voyageurs isolés ; ce sont eux qui ont fait tomber le colonel Flatters et les principaux chefs de son expédition dans un guet-apens ; ce sont d'autres Berbères qui, traitreusement encore, ont achevé de désorganiser le reste de la mission en l'empoisonnant ; ce sont des brigands du même genre qui, avec la complicité des gens des oasis, ont assassiné le lieutenant Palat...

En réalité, le Sahara n'est qu'un vaste coupe-gorge, où la violence règne sans conteste, où la trahison est la seule loi. Depuis bien longtemps, sans doute, la situation n'y a été aussi déplorable, surtout pour nous, Français, parce que les crimes les plus odieux ont été encouragés par la plus complète impunité, et parce que les représentants des gouverneurs turcs de Tripoli, à R'adamès et à R'at ; nos adversaires religieux comme les Senoussiya ; les rebelles tels que Bou-Amama et les O. Sidi-Cheïkh ; les agents du Maroc à Figuig et au Touate ne cessent de pousser les populations à des actes d'hostilité contre nous.

Il est, en outre, par trop illogique que la prétendue limite de Tripoli entre en plein dans notre Sahara, puisque Radamès est au sud du Souf et R'at sur le méridien de Tunis. A l'ouest, le Gourara est au sud de la province d'Oran et nos ennemis nous enserrent ainsi, se donnant la main à In-Salah, sur le méridien d'Alger! Cela n'est pas tolérable.

Ainsi la résistance fomentée, organisée contre nous, a son centre dans les oasis de l'intérieur, particulièrement à R'at, au Gourara, à In-Salah. Cette dernière localité est le grand marché du Sahara, la place commerciale ayant le plus de rapports avec Tenboktou: là s'échange le butin des r'azias, se vendent les esclaves, s'importent les produits manufacturés, venant de divers pays d'Europe, la France exceptée, s'achètent les produits de l'agriculture et de l'industrie locales ; là, enfin, s'entretient le fanatisme religieux et les Senoussiya auraient déjà pris la direction de ce mouvement, s'ils ne s'étaient heurtés à l'hostilité d'autres ordres déjà maîtres du terrain et repoussant la concurrence. On se rappelle que Soleillet, se présentant seul et sans armes, tenta en vain de nouer des relations commerciales avec la djemaa (conseil) de cette localité ; trop heureux fut-il d'avoir pu rentrer sain et sauf.

L'occupation du Mezab par la France en 1881, a porté au commerce d'In-Salah un rude coup. En effet, c'était grâce à la complicité des Mozabites que les esclaves pouvaient se vendre sur toute la limite de nos possessions; en échange de cette *marchandise*, on rapportait de la chebka des armes et de la poudre, et il était vraiment temps que nous missions fin à ce double scandale.

Les Touareg dominent à In-Salah, où ils perçoivent le droit de *Khefara* (protection), consistant en cadeaux annuels ; ils tiennent, en effet, les routes du Soudan et de la Tripolitaine et pourraient entraver, sinon arrêter, les communications de l'oasis avec l'intérieur. D'autre part, ils sont tributaires des marchés de R'at et de R'adamès, dont il leur serait difficile de se passer ; mais ils pourraient également causer la plus grande gêne à ces oasis si les bons rapports cessaient.

Voilà où nous en sommes dans le Sahara, et on a le droit de demander comment il peut se faire que nous, Français, maîtres de l'Algérie depuis plus d'un demi-siècle, établis à Ouargla, dans le Mezab et à Aïn-Sofra, où nous conduit un chemin de fer; nous qui avons à notre service la vapeur, l'électricité, la mélinite, quoi encore, soyons tenus en échec par quelques bandes de brigands, battant la campagne ; gens dont un grand nombre n'est encore armé que de lances et de sabres.

Mais, examinons de près la force de ces pirates, leur manière de procéder, leurs moyens d'action, en un mot, jetons un coup d'œil sur la vie du Sahara à la fin du XIX° siècle; nous nous servirons pour cela d'un curieux et remarquable travail publié dans la « Revue Africaine » par M. Le Chatelier, officier qu'un long séjour dans l'extrême sud a mis, mieux que personne, à même d'étudier ces questions et qui n'a pas laissé échapper l'occasion à lui offerte. Les détails précieux qu'il nous donne éclairciront bien des points.

Nous avons dit que des tribus arabes ou berbères-arabisées occupaient en nomades l'entrée du Sahara. Les Chaânba et les Mekhadma, tribus du cercle d'Ouargla, nous représentent ce type ; ce sont des pasteurs, se livrant à l'élève des troupeaux, particulièrement du dromadaire, à la chasse et... à la r'azia, laquelle n'est souvent qu'une légitime revanche des pertes supportées. Dans ce pays, les uns cherchent des pâturages et y conduisent leurs troupeaux ; mais, en même temps, d'autres les surveillent, les guettent et tombent sur eux à l'improviste. Les gardiens sont généralement armés : on se bat, et, si les assaillants sont les plus forts ou les plus nombreux, ils finissent par emmener tout ou partie des chameaux, en faisant diligence, car les propriétaires, prévenus, montent sur leurs chevaux ou leurs mehara (chameaux de course, pluriel de mehari), et la chasse commence, acharnée, souvent vertigineuse. Les dromadaires volés qui ne peuvent suivre sont abandonnés mourants ou égorgés, par les ravisseurs ; enfin on se rejoint et la bataille recommence ; si le volé reste vainqueur il se trouve avec quelques compagnons, à

des distances énormes de chez lui, épuisé, parfois blessé, et les quelques animaux qu'il a repris, de même que
ses montures, ne sont pas en meilleur état que lui. Les
voleurs tâchent, du reste, de passer par des chemins
difficiles, sans eau, ou ne possédant que de mauvais
puits, dans lesquels ils ont le soin de jeter des cadavres,
en passant, si le temps leur manque pour les boucher,
à l'instar de leurs ancêtres les Garamantes. Il arrive
ainsi que le vainqueur ne peut regagner son campement, ou encore qu'il tombe dans une embuscade ten-
due par un troisième larron. D'autres fois, des marabouts s'interposent et font perdre le fruit de représailles
trop légitimes.

Mais cela est encore peu de chose comparativement
aux excès commis par des bandes de brigands organi-
sées et qui portent, dans le nord du Sahara, l'appella-
tion de *Medaganate*, du nom d'un targui de Kel-Khela
(Medagane) qui, en 1860, a organisé la première as-
sociation de ce genre chez les Chaânba. Ce sont de véritables pirates de terre, ne reconnaissant même pas
les règles d'une sorte de code qui avait encore cours
dans le pays, il y a peu d'années et qui réglait ou con-
sacrait le droit de r'azia, comme représaille, ou la ven-
detta d'un meurtre ou d'un guet-apens ; cependant les
appuis et les connivences ne leur manquent jamais,
tant le désir des aventures et du butin a d'influence
dans ce milieu ; ils trouvent aussi des auxiliaires, tant
qu'ils en veulent, pour une ou plusieurs expéditions.

Les Medaganate ont de bons chameaux de course,
dont ils font, cela se comprend, une consommation
effrayante. Pour eux, il n'y a pas d'espace : faire une
r'azia à quatre cents kilomètres, est une course très
ordinaire. Toujours au guet, aidés par des espions,
servis par leur merveilleux instinct et l'art de suivre les
traces, ils enlèvent les troupeaux lorsqu'ils ne trouvent
pas mieux ; mais ce qu'ils attaquent de préférence, ce
sont les caravanes et les campements. C'est un jeu difficile, dangereux souvent, car les caravanes sont toujours
gardées et éclairées, et dès qu'on a aperçu, avec des
yeux de Saharien, un groupe suspect à l'horizon, on a

bientôt fait de réunir les chameaux, de décharger et entasser les ballots, et derrière ce double rempart, chacun fait bravement le coup de feu. Pour les Medaganate, c'est la guerre avec l'ivresse du succès, si l'on réussit, et le plaisir de se baigner dans le sang, et de rapporter un riche butin.

Ces expéditions sont appelées *Harka*, qui est le mot arabe propre, lorsque le nombre des guerriers en faisant partie atteint une centaine de mehara montés d'autant de guerriers, et *R'ezou*, ou *Djiche* quand les hommes armés et montés sont moins nombreux. Une harka de plus de cent combattants armés de fusils est chose rare. Ces expéditions ne comptent, en moyenne, qu'une quinzaine de combattants dont plusieurs n'ont quelquefois que le sabre ou la lance ; souvent quatre ou cinq hommes font un r'ezou.

La harka, comme le r'ezou est conduite par un *Khebir*, homme d'expérience qui sert de guide. « Le partage du butin se fait de deux manières, dit M. Le Chatelier ; — tantôt, chacun garde ce qu'il a pris lui-même, tantôt, au contraire tout est mis en commun et le partage a lieu au prorata du nombre de combattants. Mais, dans l'un et l'autre cas, les tribus qui subissent l'influence religieuse des O. Sidi-Cheïkh, ou autres marabouts, prélèvent deux parts : l'une, au nom de Sidi-Cheïkh, l'autre, au nom de Sidi-el-Hadj-Bou-Hafs... Le Khebir de la harka, son chef, et en même temps, son guide, qu'on choisit parmi les plus braves et les plus entreprenants, parmi ceux qui connaissent bien le pays où on opère, a, de son côté, double part : une première, égale à celle de ses compagnons, et une seconde d'une valeur variable, la *R'eziza*, qui est aussi, parfois, donnée aux membres du r'ezou qui jouissent d'une certaine notoriété (1). »

Ainsi l'élément religieux perçoit, sans participer aux dangers, la dîme sur le produit de l'expédition, ce qui l'intéresse à tous les pillages dont le Sahara est le théâtre. Avant le départ, on fait un grand repas, pour

(1) Loc. cit. p. 327.

la préparation duquel un certain nombre de chamelles
sont égorgées, et dont même chiffre sera prélevé sur le
butin et restitué à celui qui en a fait l'avance. On récite la Fatiha (1), et l'on part avec la bénédiction de
Dieu et les souhaits de ceux qui restent.

(1) Première sourate du Koran.

IV

Epopée des Medaganate.

Résumons, maintenant, l'histoire de nos Medaganate, telle que nous la raconte M. Le Chatellier.

Vers 1868, un certain Salem-ben-Chraïr, des Chaânba d'Ouargla, ayant plusieurs méfaits sur la conscience et du sang à venger, quitta sa tribu avec quelques tentes de ses compatriotes, se réfugia à El Goléa et organisa une bande de medaganate, dont il se fit le chef. Peu après, le prétendu Chérif Bou-Choucha étant arrivé à In-Salah, y fut rejoint par ces bandits, qui formèrent le noyau de sa troupe et attirèrent avec eux une partie de nos Chaânba. Après quelques minces succès, le chérif, battu par les Larbaa, se réfugia, avec les medaganate, à In-Salah. Ils y attendaient l'heure de la revanche, lorsque, en 1871, éclata la révolte d'une partie des musulmans algériens; aussitôt, Bou-Choucha, suivi des medaganate et de quelques autres malandrins, *en tout quarante Mehara*, se porte audacieusement sur Ouargla, que notre Khalifa, Ali-bey, a la lâcheté de lui abandonner, lui qui avait la garde de cette frontière et recevait de la France une indemnité considérable pour entretenir des cavaliers qui n'existaient pas. Peu de jours après, Bou-Choucha s'emparait de Touggourt, où une vingtaine de tirailleurs, commandés par le lieutenant indigène Mousseli, étaient massacrés, tandis que notre même Khalifa fuyait à toute bride vers Biskra, abandonnant au couteau des vainqueurs, une partie des membres de sa famille, ainsi que la population de l'oasis, qui eut à supporter les plus abominables excès. Mais, n'insistons pas sur cette triste page de l'histoire algérienne... Bou-Choucha tint la campagne pendant plusieurs années, et finit par tomber entre les mains de

Saïd-ben-Dris, frère de notre agha d'Ouargla, après une poursuite acharnée, jusqu'au-delà d'In-Salah (mars 1874).

La plupart des Chaânba dissidents rentrèrent ensuite dans leurs campements ; mais les Medaganate qui avaient pris part à la vie agitée des dernières années, refusèrent l'amnistie et restèrent en rupture de ban. Des O. Sidi-Cheikh, anciens adhérents de Bou-Choucha, s'étant joints à eux, la bande forma alors un groupe d'une cinquantaine de tentes, et Salem-ben-Chraïr en fut reconnu le chef. Ils étaient au Tidikelt, refuge de tous les coupeurs de route de cette partie du Sahara, et, ainsi réorganisés, ils recommencèrent leurs courses. Dans une de leurs premières expéditions, ils eurent l'audace d'approcher jusqu'à une vingtaine de kilomètres d'Ouargla, où ils enlevèrent cinq cents chameaux : mais, poursuivis, ils en abandonnèrent les trois quarts en route, avec les jarrets ou la gorge coupés, et ne sauvèrent que cent trente bêtes, amenées et vendues à In-Salah.

Sur ces entrefaites, un homme énergique et convaincu, notre compatriote Dourneau-Duperré, qui avait entrepris de traverser le Sahara, fut assassiné par les Touareg au delà de R'adamès, avec son compagnon Joubert, et un domestique indigène, dans les conditions suivantes. Rappelons qu'on était en 1874 et que le souvenir des relations créés par M. H. Duveyrier et la misson de R'at, n'était pas éteint ; mais la révolte indigène de 1871 et les revers de la France avaient imprimé un autre cours aux idées, dans le Sahara. Forcé de faire un détour afin d'éviter les dissidents qui tenaient encore la campagne aux environs d'Ouargla, Dourneau se décida à passer par R'adamès et R'at. Dans cette première ville, il s'entendit avec deux Touareg Ifogha, qui devaient lui servir de guides et repoussa les offres, puis les prétentions bizarres de Touareg d'une autre tribu sur le territoire de laquelle il n'avait rien à faire et qui lui réclamaient néanmoins un droit de passage. Ces Berbères firent prévenir un campement des leurs se trouvant non loin de la route que devait suivre l'explorateur ; une douzaine d'entre eux et trois Chaânba qui avaient revêtu le costume de leurs hôtes, allèrent sur leurs Mehara attendre les voyageurs auprès du puits d'Ohaut, sur la route de R'at.

Le 11 avril, Dourneau, qui n'avait avec lui que Joubert, l'indigène Ahmed-ben-Zerma et les deux guides Ifogha, quitta R'adamès ; le 17, ils atteignaient les ravins de l'Ir'ar'ar-Amellal. C'est là que les Chaânba et les Imanr'assatene, — nom de la tribu des Touareg dont nous avons parlé et que nous aurions voulu éviter de citer, ainsi que celui des acteurs, vu leur forme barbare, — les rejoignirent. Nous laissons ici la parole à M. Le Chatelier : « Précédés par un des leurs, qui, sous un prétexte quelconque, était allé reconnaître le camp, ils se donnèrent, en arrivant, pour un Mïad (députation) des leurs, chargé de souhaiter la bienvenue aux explorateurs. A leur vue, Dourneau-Duperré s'était d'abord mis sur la défensive avec ses compagnons, mais ils se laissa bientôt gagner par les protestations des Touareg, et leur fit un accueil empressé. Le plan primitif du r'ezou était de massacrer immédiatement les Français, s'ils se laissaient surprendre. Leur attitude n'ayant pas permis de mettre tout de suite ses projets à exécution, il fut rapidement convenu qu'on attendrait la nuit pour les tuer, pendant leur sommeil. *Les deux Ifogha qui servaient de guides ne s'y trompèrent pas ; mais, suivant les usages du Désert, ils prirent, sans hésiter, leur parti de la situation, et les assurances qu'ils donnèrent à nos compatriotes ne contribuèrent pas peu à entretenir la confiance de ceux-ci qui, à leur instigation, offrirent au prétendu Mïad une plantureuse difa.*

« Le repas terminé, Dourneau-Duperré, Joubert et Ahmed-ben-Zerma se couchèrent près de leurs bagages, pendant que les Berbères et les Chaânba se dispersèrent çà et là, près de leurs Mehara et des chameaux. Tous, parurent s'endormir. Mais, au bout de quelques heures, à un signal convenu, ils se levèrent silencieusement et, rampant dans l'obscurité, leurs sabres à la main, ils se glissèrent jusqu'auprès des trois voyageurs, qui, surpris par cette brusque agression, ne firent aucune résistance. Ils furent égorgés tous trois en quelques instants et, après avoir atrocement mutilé leurs cadavres, sur lesquels ils s'acharnèrent avec une rage féroce, les assaillants se partagèrent leurs dépouilles. »

Les Ifogha, bien que n'ayant pas participé directement au meurtre, reçurent quelque butin. Le Chaanbi, Cheikh-ben-Said, organisateur du guet-apens, eut en partage, parmi d'autres objets, le revolver de Dourneau et sa tente, qu'il dressa orgueilleusement, comme un chef arabe, auprès des tentes de cuir.

Ce lâche assassinat fut considéré, dans le Sahara, comme un acte de vaillance dont l'honneur rejaillit sur tous ceux qui y avaient pris part. Là, en effet, il faut avant tout réussir : la perfidie des moyens est une gloire de plus et la générosité n'a pas cours. Pleins de l'orgueil du succès, les Touareg du Ahaggar, alliés en ce moment avec leurs voisins de l'Est, les Azdjer, préparèrent une grande expédition contre les tribus berbères fortement empreignés de sang nègre, Melano-Gétules des anciens, occupant la région au nord de Bornou ; et, comme les Medaganate, après divers exploits, étaient descendus dans la vallée qui se trouve au nord du Ahaggar, on leur adressa une députation (Mïad) pour obtenir leur précieux concours. Une partie d'entre eux acceptèrent avec empressement et prirent part à cette lointaine campagne, qui les conduisit à plus d'un millier de kilomètres au sud-est, tandis que les autres organisaient un r'ezou de trente-cinq Mehara, contre les gens de l'Adrar, à plus de cinq cents kilomètres au sud, près du Soudan, et ramenaient une centaine de chameaux, les meilleurs du Sahara.

Mais, entre brigands, il y a de nombreux motifs de querelle dont le plus sérieux est le partage du butin. Ajoutez à cela que les Medaganate, hôtes des Touareg, prétendaient agir à leur guise et travailler indépendemment Bref, le démon s'insinue entre eux, on se fâche : les Medaganate sont molestés, maltraités, si bien qu'à la fin de 1875, ils prennent un beau matin la fuite et reviennent à In-Salah. Ils passent le printemps de 1876 occupés à chasser dans les vallées et, au mois

de juin, ayant rencontré quelques Touareg cherchant
à organiser un r'ezou du côté d'Ouargla, Salem-ben-
Chraïr se met de la partie, avec deux de ses compagnons. Le r'ezou se compose de trois Medaganate,
cinq Touareg, trois Ba-hammou et deux Zoua, (gens
des Zaouia), ces cinq derniers d'In-Salah, en tout
treize Mehara ; mais l'expédition n'est pas heureuse dans
la région d'Ouargla et nos gens se décident à se rabattre
sur la lisière du Mezab. Le 22, la troupe, réduite à
onze hommes, deux des Ba-hammou n'ayant pu suivre,
surprend, auprès du puits de Noumerate, un campement
de quinze tentes de Chaânba-Berezga. A la vue de l'ennemi, les femmes et les enfants se sauvent, et le chef
du douar, Cheikh-ben-Tahar dépêche deux Mehara à
El-Atef et à Melili, pour demander du secours. Puis il
se porte bravement à la rencontre des brigands, avec
les cinq hommes dont il dispose.

Cependant, les Medaganate se sont séparés du groupe
des assaillants pour aller prendre quelques chameaux
appartenant à des Mozabites, tandis que les Touareg vont
aux tentes et les pillent. L'un d'eux s'empare de la jument de Cheïkh qu'il trouve toute sellée ; mais, lorsqu'il
veut la monter, elle se dérobe et l'entraîne, le pied pris
dans l'étrier ; traîné au galop sous le ventre de la bête, le
Targui parvient à couper la sangle de la selle avec son
sabre, en estropiant la jument, et se retrouve sur pied.
Les défenseurs, pendant ce temps, ont pris position sur
un petit mamelon dominant le puits, et, lorsque les
brigands, qui meurent de soif, s'approchent pour boire,
en criant qu'ils ne veulent faire de mal à personne, ils
sont accueillis par une décharge. Un Targui dont le
mehari est blessé tombe lourdement, de même que
Salem-ben-Chraïr, lui-même, frappé d'une balle qui lui
a traversé la poitrine, au dessus du sein gauche et est
sortie par l'épaule.

Les Chaânba, après ce premier succès, se retirent à
distance pour recharger leurs armes ; mais les Medaganate en profitent pour battre en retraite après avoir
solidement attaché Salem sur son chameau. Malheureu-
sement pour eux, ils s'égarent, et ce n'est qu'à huit

heures du soir qu'ils atteignent un puits, où ils espèrent
enfin prendre quelques repos ; mais les secours sont
arrivés du Mozab ; vingt hommes se sont mis à la poursuite des brigands en suivant leurs traces, ont compris
ainsi leur but et ce qui leur est arrivé et sont venus les
attendre au puits. A leur approche, la poudre parle :
un des Zoua est tué raide, et le chameau d'un Targui
renversé. Une partie de la bande prend la fuite, en
abandonnant Salem qui ne peut plus supporter une
allure vive. Il est fait prisonnier avec les deux autres
Medaganate, le frère du Zoui tué, et le Targui démonté
qui est resté sur le terrain, étourdi de sa chute et qu'on
ne retrouve que le lendemain. Sur ces entrefaites, les
Caïds des Berezga ayant amené des renforts, se mirent
à la poursuite du reste du r'ezou et, après une chasse
mouvementée, finirent par s'en emparer au moment où
les brigands se croyaient hors de leurs atteintes, grâce
à une course, de vingt-quatre heures sans s'arrêter.

C'était un véritable désastre : les prisonniers, y compris le blessé, furent conduits à Lag'ouate, et, aussitôt,
le commandant supérieur envoya les Touareg à Alger,
où ils excitèrent, comme d'habitude, une vive curiosité.
Quant à Salem, qui s'était promptement guéri de sa
grave blessure, *il fut rendu à la liberté en même temps
que ses compagnons, après une courte détention*. Deux
de ceux-ci, le Zoui Mohammed-bel-Hadj et le Ba-Hammoui, attendirent à Lag'ouate le retour des Touareg.
Pour leur malheur, trois missionnaires, les pères Paulmier, Ménoret et Boujaud, qui cherchaient l'occasion
de pénétrer dans le Touate, entrèrent en relation avec
ces misérables, obtinrent d'eux des renseignements plus
ou moins exacts, et conçurent l'étrange idée de les
prendre comme guides, pour pénétrer dans le cœur du
Sahara, aussitôt que les Touareg seraient de retour. Il
faut dire. à la louange du commandant supérieur,
M. Flatters, qu'il tenta l'impossible pour les en détourner, appuyé en cela par les indigènes de l'oasis, qui
aimaient beaucoup le père Paulmier, nommé par eux :
Taleb Abd-Allah.

Les pères blancs avaient persisté, malgré tout, dans

leur projet. A l'arrivée des Touareg ils s'entendirent
avec eux et l'on convint que ces derniers partiraient en
avant et qu'on les rejoindrait à El Goléa. Ainsi fut-il
fait, et, au commencement de février 1876, les missionnaires atteignirent cette localité, en compagnie du
Chaânbi Bou-Hafs, qu'ils avaient engagé comme chamelier, et du Zoui Mohammed-bel-Hadj, sans se rendre
compte que ce dernier, en outre de ses mauvais pen-
chants naturels, avait la mort de son frère à venger. A
El-Goléa, le complot se prépara ouvertement, si bien
que le Caïd de ce Kçar, après avoir essayé en vain de
détourner les pères de se mettre en route dans de telles
conditions, voulut les en empêcher par la force ; mais
le père Paulmier se fâcha, menaça de porter plainte
contre lui et il dut les abandonner à leur destinée. On
ne pouvait, à ce moment, attendre davantage de lui.

Le 8 ou le 10 février, la petite caravane était en route
pour In-Salah et les premiers jours se passèrent bien en
raison du grand nombre de campements de nos adhérents qu'elle rencontrait. Mais laissons encore la parole
à M. Le Chatelier. « Chaque jour, en arrivant à l'étape,
les Touareg s'empressaient d'aider les missionnaires à
décharger leurs bagages. Ils leur prodiguaient, ainsi
que le Zoui et le Ba-Hammoui, les assurances d'une
réception cordiale, partout où ils voudraient aller, et
leur attitude resta telle, à tous égards, que la méfiance
la plus obstinée n'eût rien trouvé à y reprendre.

« Huit jours après avoir quitté El-Goléa, en arrivant
à Dhor Lecheb, près de l'Ouad-Chebaba, le moment de
mettre leur projet à exécution leur parut enfin venu.
Comme d'habitude, ils aidèrent nos compatriotes à ins-
taller leur campement et, à la nuit, allèrent se coucher
près des Mehara. Les pères et Bou-Hafs (le chamelier),
ne tardèrent pas à s'endormir de leur côté. Après s'être
assurés qu'ils étaient plongés dans un profond sommeil, en les surveillant de loin, Mohammed-bel-Hadj et
ses complices se rapprochèrent peu à peu en rampant,
de façon à les entourer ; puis, arrivés assez près se
jetèrent sur eux. Le chaânbi, réveillé le premier par le
bruit qu'ils firent alors, essaya de se mettre sur la dé-

fensive, mais il fut bientôt abattu à coups de sabre.
Quant aux missionnaires, d'eux d'entre eux avaient été
égorgés presque immédiatement. Le troisième seul, ne
fut pas achevé sur le coup; quoique mortellement
blessé, il n'expira qu'au bout de quelques heures. »

Le lendemain matin, après avoir partagé les dépouilles, nos brigands continuèrent tranquillement leur
route sur In-Salah. Mohammed-bel-Hadj alla rejoindre
les Medaganate, et les Touareg rentrèrent dans le
Ahaggar.

Reconstitués, les Medaganate, dont Salem a repris le
commandement, font quelques courses sur le territoire
d'Ouargla; puis, de concert avec un Targui, du nom de
Hadj-Ali, ils organisent un r'ezou, contre une caravane
venant du Soudan, à destination de R'adamès. Nos coupeurs de route partent avec treize Mehara et vont
attendre la caravane au puits de Massine, bifurcation
des routes de R'at et d'In-Salah avec le sud. Les marchandises qu'elle apporte pour un riche commerçant de
R'adamès, se composent de quatre charges d'ivoire, huit
de plumes d'autruche, une de riz du Soudan, quatre de
peaux tannées et trois de marchandises diverses. L'enlever, faire prisonniers les conducteurs est un jeu pour
les Medaganate. Ils se partagent ensuite les dépouilles,
*sauf l'ivoire qu'on abandonne sur place, parce que ce
produit ne trouve pas d'acheteur à In-Salah.* Mais ces
succès constants suscitent la jalousie des gens d'In-
Salah; on cherche querelle aux Medaganate, sous le
prétexte qu'il ne faut pas rompre avec R'adamès; on les
maltraite on les dépouille à leur tour et ils se voient
forcés de chercher un refuge au Gourara (1877).

Nous ne suivrons pas la fortune de ces coupeurs de
route, tantôt sur l'Ouad-Guir, dans le Sahara marocain,
seuls ou avec les O. Sidi-Cheïkh et leur chef. Si Kad-
dour-ould-Hamza, prenant part aux courses de ses adhérents contre nos tribus, jusqu'au pied du Djebel-Amour;
tantôt dans le Gourara, ou à In-Salah, d'où ils mena-
cent particulièrement Ouargla et la frontière du Mezab;
tantôt chez les Touareg, r'aziant, pillant, parcourant le
désert en tous sens, de l'ouad Derna, au Fezzane, sou-

vent heureux, quelquefois durement frappés, dépouillés, décimés, n'ayant, dans leur plus grande prospérité, jamais plus d'une cinquantaine de fusils à mettre en ligne. Ils sont, pour tous, un objet de terreur... et d'admiration ; mais il arrive un moment où leurs plus dévoués amis les repoussent : In-Salah, leur centre d'opérations n'en veut plus entendre parler ; ils sont trop compromettants, trop indisciplinés, trop perfides pour leurs alliés, et les voilà définitivement rejetés dans l'Ouest.

Une fois, ils tombent sur une caravane de Trafi marabouts allant porter des dattes à Bou-Amama, alors en opérations contre nous, en tuent plusieurs, sans crier gare et prennent leur convoi. C'était vraiment trop fort ! On veut les exterminer ; mais les marabouts s'interposent : les Medaganate rendront une partie des prises et paieront une indemnité pour le sang versé. On récite alors la fatiha en signe de réconciliation et l'on se quitte presque bons amis.

Une autre fois, la grande caravane qui allait, chaque semestre, du Touate à Tenboktou, chercher des esclaves destinés aux marchés des Kçours et du Sahara central, est attaquée par des Chaanba de l'est. Trois ou quatre cents nègres vont tomber en leur possession ; mais un mehari est allé chercher du secours, tandis qu'on parlemente avec les assaillants. Cette fois, ce sont les Medaganate, qui, les premiers, courent sus aux pillards, les éloignent et assurent l'arrivée de la caravane.

Les Medaganate, on le voit, n'ont pas de parti pris et parfois peuvent rendre service. Salem-ben-Chraïr et Ahmed-el-Aouar (le borgne), leurs chefs, sont d'une ténacité, d'un courage, d'une audace, que rien n'arrête. Leurs hommes sont parfois de véritables héros et l'on ne peut s'empêcher de regretter que semblables vertus soient au service d'une telle cause ; citons comme exemple la mort de l'un d'eux. Dans un r'ezou contre les Mekhadma de la région d'Ouargla, nos brigands rencontrent une résistance sérieuse, et un de leurs chefs, qui les a précédés à l'assaut d'un mamelon où dix ou douze de leurs adversaires sont retranchés, reçoit une balle dans l'estomac. Ses compagnons accourent ; un combat acharné s'engage sur son corps et ne cesse que lorsque tous les Mekhadma ont été mis hors de combat, puis achevés. Les Medaganate entourent alors Mouley-Bel-Kheïr, c'est le nom du chef, et veulent l'enlever, car de nouveaux ennemis sont signalés. Mais le blessé se sent frappé mortellement ; malgré les supplications de ses hommes, parmi lesquels se trouve son fils, il exige qu'on l'abandonne et, pour que les adversaires ne puissent rien lui prendre, donne l'ordre de le dépouiller entièrement ; cela fait, il s'allonge en attendant la mort, qui viendra avant l'ennemi s'il est possible, et ses compagnons partent en entraînant son fils qui aurait voulu rester auprès de lui.

En 1883, les Medaganate ont éprouvé des revers et, ainsi qu'il arrive aux gens malheureux, sont repoussés de partout. Cependant, ils ont toujours leurs deux chefs et possèdent encore trente-trois fusils maniés par des guerriers rompus à toutes les fatigues, à tous les dangers. Ils veulent se relever et se rendent vers l'ouest, à Akabli, puis au kçar de Sali, dans le bas fond du Gourara. Ils parviennent alors à s'entendre avec les Oulad-Mouleït de cette région, pour faire une harka. Ceux-ci leur adjoignent cinquante combattants et l'on part avec quatre-vingts mehara et soixante-quinze chameaux de charge. L'expédition est conduite par Zéïni, des O. Mouleït, qui connaît bien la région. Elle se lance d'abord dans l'Areg, pour atteindre en droite ligne l'oasis de Taodeni, marché de sel important, au sud d'Afalélé. Mais le khebir s'égare dans le sable ; la harka souffre de la soif et, pour la sauver, Zéïni part en avant afin de chercher des puits qui doivent se trouver au pied de la dune ; il en découvre un et l'on se met aussitôt en devoir de le déblayer, lorsqu'un parti de Reguibate, également en course, arrive au trot des mehara. On échange des coups de fusil ; Zéïni est blessé grièvement dans la retraite, ainsi qu'un des Medaganate ; les ennemis, de leur côté, ont un homme atteint et c'est également leur khebir. Démoralisés par cet accident, recon-

naissant en outre la supériorité des armes de leurs adversaires, et voyant apparaître des mehara qui accourent
au bruit de la fusillade, les Reguibate, bien que plus
nombreux, se décident à la retraite. On peut, enfin,
achever de creuser le puits ; bêtes et gens s'abreuvent
et l'on parvient au kçar de Taodeni, qui possède un
« sultan » percevant le cinquième sur les ventes de
sel.

Ce début n'était pas de bon augure ; cependant d'autres
O. Mouleït sont trouvés au kçar ; ils prétendent con-
naître où sont les campements des Reguibate avec de
nombreux troupeaux et, dès lors, le but de l'expédition
est trouvé, Zéïni, trop malade, est laissé au kçar ; la
harka, forte de cent-vingt fusils part le 10 avril et se
lance de nouveau dans l'Areg où l'on a tant souffert en
venant, du nord au sud, et qu'il faut traverser dans
l'autre sens. Après sept jours de marche forcée, on
trouve, enfin, la trace des campements cherchés, mais
ils sont abandonnés : prévenus par les survivants de la
harka qui a eu l'engagement au puits et qui s'est perdue ensuite, n'ayant plus son khebir pour la diriger, ce
qui a causé un véritable désastre, les Reguibate ont levé
le camp, émigré vers le nord avec leurs bestiaux et ne
se sont arrêtés que dans un bas fond, à l'est de la source
de l'Ouad Saguiet-el-Hamra, non loin de l'Atlantique,
dans un endroit favorable à la défense.

Cependant la harka, qui a continué à suivre leurs
traces, ne tarde pas à être signalée. Elle se dissimule
de son mieux dans les ravins, puis, la nuit venue, deux
Medaganate s'approchent en rampant, jusqu'à demi por-
tée de fusil du camp, et voici ce qu'ils constatent: environ trois cents tentes sont réunies en carré avec les
troupeaux au milieu. De grands feux brûlent aux quatre
angles ; les guerriers en armes veillent alentour, écou-
tant les chants des bardes, soutenus, en sourdine, par
le tambour de guerre... A leur retour, les Medaganate
racontent ce qu'ils ont vu : ils estiment les combattants
à plus d'une centaine et, comme leur force sera doublée
lorsqu'il s'agira de défendre leurs foyers, ils conseillent
de se retirer. Mais les O. Mouleït protestent, semblent

douter du courage de leurs compagnons, et font remar-
quer, du reste, que les vivres sont épuisés et qu'il faut
s'en procurer. C'est fort bien; on attaquera.

Au point du jour, les chameaux de bât sont laissés
avec les bagages, derrière un mamelon, à la garde de
deux O. Mouleït et de deux esclaves; puis la colonne
d'attaque se démasque, mais ce qu'elle voit est peu ras-
surant. Les Reguibate, résolus, sont rangés en bon ordre
en avant des tentes, les cavaliers sur les ailes. A cet
aspect, la plupart des O. Mouleït sont pris de peur : les
uns vont, en jetant leurs armes, demander l'aman et se
rendre à ceux qu'ils devaient combattre, les autres fuient
dans toutes les directions, poursuivis par les cavaliers,
qui les massacrent sans résistance.

Mais les Medeganate, restés seuls avec dix O. Mouleït,
plus braves que les autres, marchent à l'ennemi et font
une première décharge qui couche par terre une dizaine
de défenseurs et force le reste à se retirer en arrière des
tentes. Les agresseurs, de leur côté, reculent pour charger leurs armes, ce que voyant, les cavaliers aban-
donnent la poursuite des fuyards et chargent par derrière, forçant ainsi les Medaganate à leur faire face. En
même temps, les fantassins sortent bravement de leurs
lignes et attaquent les brigands, qui se trouvent cernés.

Ahmed-el-Aouar, blessé au pied, tombe de son mehari, et son frère, qui veut l'enlever est frappé d'un coup
mortel. On lutte à l'arme blanche; les Medaganate font
merveille avec leur terrible sabre Touareg contre les
courtes lances des Reguibate, car ils n'ont pas le loisir
de recharger leurs fusils, tandis qu'une partie des défenseurs, qui ont pu le faire s'approchent et abattent,
à coup sûr, leurs ennemis. La position des Medaganate
devient critique; ceux d'entre eux qui sont sans blessure grave prennent aussitôt leur parti : ils se réu-
nissent en groupe et, frappant d'estoc et de taille se
frayent un passage au milieu de l'ennemi pour rejoindre
leur campement, sans autre souci des blessés, qui sont
immédiatement achevés. Avant de mourir, Ahmed-el-
Aouar a le temps d'abattre, avec son fusil et celui de
son frère, deux Reguibate.

Arrivés au campement, les Medaganate ont retrouvé, en outre des quatre hommes laissés à la garde, un certain nombre de Mouleït, cachés derrière les ballots. Ils les font lever à coups de sabre, les forcent à prendre des armes et disposent ainsi d'une quarantaine de fusils ; on s'abrite derrière les chameaux et les charges et, de là, on tire à coup sûr. Les Reguibate éprouvent encore des pertes sensibles ; sur ces entrefaites, Salemben-Chraïr, notre ancienne connaissance, tombe frappé à mort d'une balle dans la tête, et, tandis que ses partisans, n'ayant plus de chef, restent interdits, ou cherchent à lui porter un secours bien inutile, les ennemis se rapprochent et renversent de nouveaux guerriers. Cette fois la bataille est perdue et le désastre complet, car le campement va être envahi. Trois Medaganate et une dizaine de Mouleït encore debout, forcés de fuir, se réfugient sur une gara, mamelon isolé, aux pentes abruptes, résolus à vendre chèrement leur vie.

Les Reguibate entourent la gara et crient aux assiégés de se rendre, leur promettant la vie sauve, ce qui décide plusieurs Mouleït à descendre ; leurs adversaires se contentent de les dépouiller, mais les femmes sont en arrière qui les attendent, au paroxisme de la fureur, car trop des leurs sont morts ; elles les mettent en pièces comme elles ont déjà fait des autres prisonniers. Trois Medaganate et trois Mouleït sont encore sur le petit plateau. Un premier assaut coûte la vie de deux Reguibate ; mais un de nos brigands, blessé, roule sur la pente et est achevé à grand renfort de cris. On apporte les tambours de guerre pour exciter les combattants, qui entourent la gara, et les plus braves s'élancent à l'assaut, accompagnés par les encouragements de tous ; sur le plateau on rend bien les coups, mais de temps à autre un assiégé tombe et il arrive un moment, enfin, où le medaganate Hamouadi est seul debout avec un jeune homme de quinze ans. On va s'en rendre maître et leur faire expier leur longue résistance, lorsqu'un marabout des Reguibate, imposant silence aux hurlements, s'avance et prend sous sa protection les deux survivants, qu'il conduit à sa tente après avoir eu bien de la peine à les soustraire à la fureur des femmes. Les Medaganate et leurs alliés étaient exterminés, mais quarante Reguibate avaient payé de leur vie ce succès.

Quelques jours plus tard, le marabout mit ses deux protégés en liberté, après leur avoir rendu leurs armes et cinq chameaux. Sans ressources, seuls dans l'Areg, les deux survivants de la harka trouvèrent un endroit riche en gibier, s'y construisirent une cabane, et se procurèrent, par la chasse, le moyen d'atteindre le kçar de Taodni, d'où ils étaient partis si fiers et pleins de confiance quelque temps auparavant. De là, le jeune homme put regagner In-Salah, en se joignant à une caravane. Quant à Hamouadi, il n'eut d'autre ressource que d'aller à Tenboktou, d'où il se dirigea vers l'est et atteignit l'Adghar, puis l'Ahaggar ; marchant ensuite au nord, il parvint, à travers mille dangers à rejoindre In-Salah, vers la fin de 1884, après avoir fait le tour du Sahara, près de 4,000 kilomètres, en partie seul et à pied, dans l'espace d'un an et demi.

Ses aventures lui avaient acquis une grande renommée de bravoure et d'invulnérabilité qui lui fut funeste. En juin 1885, ayant conduit un r'ezou contre les Touareg Adzjer, la fortune le trahit : abandonné des siens, il fut entouré par ses ennemis qui, n'osant l'attaquer de près, se contentèrent de le garder à distance, jusqu'à ce qu'il fût mort de soif, après quoi ils lui coupèrent la tête et l'emportèrent dans leur pays comme un glorieux trophée.

V

Voies et moyens de l'extension de l'autorité française sur le Sahara et le Soudan

On nous pardonnera, espérons-le, d'être entrés dans de si longs détails ; nous avons voulu donner un aperçu des mœurs actuelles, des habitudes, de la vie du Sahara. Cela ne valait-il pas la peine d'être connu, ne serait-ce qu'au point de vue purement pittoresque ? Et puis, quels enseignements, nous, Français, n'avons-pas à en tirer.

Tout d'abord, on n'hésitera sans doute plus à croire que le « Désert » est habité, et que des hommes hardis et sobres, montés sur des Mehara, peuvent le parcourir en tout temps, été comme hiver. Nous avons même remarqué, dans les récits de M. le Chatelier, que les expéditions les plus longues, les plus sérieuses se sont faites de préférence dans la saison des grandes chaleurs.

Ainsi un groupe d'une quarantaine de partisans déterminés a suffi pour tenir en échec, ou tout au moins terroriser le Sahara pendant plus de dix années, et il a fallu toute l'indiscipline, la duplicité, l'inconstance des Medaganate pour tourner contre eux leurs alliés, et causer leur perte en les faisant chasser de partout : c'est près de l'Atlantique qu'ils ont trouvé la mort, et nous, c'est-à-dire l'administration française et nos tribus soumises ou alliées ne sommes pour rien dans ce résultat. La complicité de ces tribus les a, il est vrai, plus d'une fois sauvés, et en tout temps, l'intervention des Marabouts leur a été profitable.

Mais, il faut le dire, nos administrateurs dans le sud, français ou indigènes, ont été bien faibles, bien impuissants. Certes, le frère de notre agha Ben-Dris était un rude cavalier, et c'est à sa vigueur que l'on a dû de s'emparer de Ben-Choucha. Son remplacement a, sans doute, été motivé par des raisons majeures ; mais qu'est donc venu faire à Ouargla ce lieutenant de spahis Abd-el-Kader-ben-Amar, envoyé de la province d'Oran pour succéder directement à Ben-Dris ? Nous ne mettons pas en doute le courage de cet officier, bien qu'il fût trop fatigué pour la vie du sud ; nous nous demandons seulement s'il connaissait les hommes et les choses du Sahara et nous constatons qu'il n'a jamais su faire marcher ses auxiliaires et que, sous ce commandement, l'audace des Medaganate n'a plus eu de bornes. Une fois il pouvait les atteindre, mais ses goum n'étaient pas là, les uns n'ayant pas voulu l'aider à venger les injures des autres. Dans ces conditions, l'agha fut d'avis que de telles gens ne méritaient pas qu'on risquât sa vie pour eux. Il fit mieux : en 1878, lui, notre représentant, envoya à Hahéa, au sud du Gourara, un mïad (députation) à ces brigands pour les inviter à rentrer dans le cercle d'Ouargla, leur promettant le pardon absolu. Inutile d'ajouter que le mïad ne ramena que deux des siens ; en vanche il leur laissa un de ses membres que la séduction de la vie des Medaganate décida à rester avec eux !

Mais, ce qui dépasse tout, c'est de voir le commandant supérieur de Lag'ouate, l'infortuné Flatters, mettre en liberté les brigands qu'une heureuse chance a fait tomber entre ses mains. Parmi eux se trouve Salem-ben-Chraïr, chef de bande dangereux entre tous, qui a entraîné ses contribules à l'émigration et a été le bras droit de Bou-Choucha, lors des abominables pillages et massacres de l'Ouad'Rir', en 1871. On le saisit, avec ses compagnons en flagrant délit de brigandage à main armée ; mais à peine le garde-t-on quelques jours en prison, comme pour lui permettre de se rétablir ; on le relaxe, ainsi que ses complices, et cela sans condition, sans lui imposer, sinon de ramener ses compagnons, au moins de s'établir dans une région déterminée, où il serait soumis à une surveillance quelconque. Peut-être est-on allé jusqu'à lui rendre ses armes comme à un loyal che-

valier ; et, en vérité, il semble qu'on l'ait renvoyé purement et simplement reprendre le commandement de sa
bande. Pendant ce temps les Touareg, ses dignes aco-
lytes, sont expédiés à Alger, non pour leur faire subir
un jugement ou une punition trop méritée ; c'est plutôt
un voyage d'agrément dans la capitale qu'on leur pro-
cure, car, si l'on cherche à obtenir d'eux des renseignements, on les récompense en leur offrant des distrac-
tions et en les produisant dans les cérémonies.

Nous connaissons l'excuse : on espère les frapper par
notre magnanimité, par l'appareil de notre puissance et
faire d'eux des zélateurs de notre cause dans le Sahara.
On sait le résultat : à peine de retour à Lag'ouate, ils
organisent, de concert avec deux misérables de leur
bande, le massacre de paisibles religieux qui ne leur
ont fait que du bien, et cela se passe chez nous, pendant
qu'ils vivent encore du couscouss que nous leur fournis-
sons ! Et à peine ont-ils dépassé El-Goléa, notre limite,
et les tribus reconnaissant plus ou moins notre autorité,
qu'ils exécutent traitreusement leur odieux projet. Tel
a été le fruit de notre longanimité ; voilà ce que la vue
de notre puissance a produit : dans ces âmes basses et
sauvages, il n'y a pas eu une minute d'hésitation ; la
reconnaissance. la générosité, l'honneur sont choses
inconnues.

Ici, nous n'hésitons pas à le déclarer : ceux qui ont
mis en liberté ces brigands sont responsables du meurtre
de nos compatriotes. Lorsqu'on est appelé à exercer
une magistrature aussi importante que celle de commandant supérieur dans le Sud, on n'a pas le droit
d'être généreux ou insouciant aux dépens de la sécurité
des autres ; la bonté, dans ce cas est un crime et il est
facile de supputer ici ce qu'elle a coûté, en outre du
meurtre des pères blancs. On objectera que le C'. Flatters a fait son possible pour détourner les religieux de
leur projet ; cela n'était pas suffisant et, puisqu'il avait la
notion exacte du danger auquel ils s'exposaient, il eût
dû retenir les indigènes. Quant aux missionnaires, ils ont
marché où ils ont cru que le devoir les appelait ; ils
seraient peut-être partis avec d'autres, mais ils ne pou-

vaient plus mal tomber, et si les brigands, au lieu d'être encouragés comme ils l'ont été, avaient subi le sort qu'ils méritaient, nul n'osera affirmer que les pères n'auraient échappé au trépas,

Peut-être, dira-t-on aussi que cette façon d'agir à l'égard des Sahariens pris dans les razias était de tradition ou conforme aux instructions de l'autorité supérieure. En vérité ce serait une triste justification, car la politique du Sud était tracée par les renseignements provenant des agents locaux, et personne n'ignore qu'à cette distance, loin des hommes d'affaires et de la presse, les commandants supérieurs ont toujours eu une grande indépendance.

Après tant d'exemples d'impunité, on se rendra facilement compte de la raison pour laquelle nous n'avons plus de relations avec l'extrême sud, et l'on se persuadera que quiconque voudrait, maintenant, renouveler ce qu'ont fait naguère Caillé, Barth, Duveyrier, Rohlfs, c'est-à-dire aller seul et pacifiquement dans le Sahara algérien, comme explorateur, religieux ou marchand, serait sacrifié d'avance.

Quant à la façon de procéder des Touareg, on pourra dire aussi, qu'on la connaît et l'on saura qu'avec de telles gens, il n'y a ni serments, ni protestations qui comptent et qu'il ne faudra jamais se départir à leur égard, de la plus rigoureuse défiance. Cela constaté, comment expliquera-t-on que le colonel Flatters ait eu la prétention d'atteindre le Soudan, avec une colonne lourde formée de tirailleurs kabiles, étrangers aux choses du Sahara, marchant à petites journées, et qu'après cette première erreur il soit tombé dans le piège que les Touareg lui ont tendu pour le séparer de sa troupe, dans une région où il avait tout à craindre ?

Loin de nous la pensée de diminuer en quoi que ce soit le tribut de respect et de sympathie que nous devons à ce martyre et à ses compagnons. Ce sont des Français, tombés en accomplissant une œuvre française, et nous ne cesserons de répéter, comme nous n'avons cessé de l'écrire, que leur sang crie vengeance et qu'il est vraiment peu honorable pour notre nation, que les auteurs de ce guet-apens qui sont connus, continuent à jouir en paix du fruit de leur crime. Cela n'est ni digne de nous, ni profitable pour nos intérêts. Mais, ces réserves faites, nous ne pouvons nous empêcher de critiquer la direction de cette colonne, car cela appartient à l'histoire. Armée, montée et pourvue comme l'était cette troupe; elle pouvait résister à tous les Touareg du Sahara réunis et aurait dû au moins ramener une partie de son effectif à Ouargla, après avoir chèrement fait payer aux Hoggar leur hostilité. Dans ces régions, la force est tout : il ne faut pas hésiter à s'en servir, quand on la possède et que l'hostilité rencontrée est évidente. N'est-il pas profondément triste de voir des ennemis beaucoup plus faibles, n'ayant pour eux que la duplicité et la traîtrise triompher aussi facilement d'une expédition commandée par des officiers français, qui négligent toutes les précautions indispensables dans le pays et viennent, pour ainsi dire d'eux-mêmes, tendre le cou au sabre Touareg ?

Notre force dans le sud s'est triplée par l'occupation si tardive du Mezab, l'établissement du chemin de fer d'Ain-Sofra et l'ouverture de celui de Biskra. Il s'agit maintenant d'en tirer parti et nous ne tarderons pas à y rétablir le respect de notre nom. Quant à nos procédés administratifs sont-ils modifiés ? Continue-t-on, en un mot, à encourager le brigandage par une tolérance inexplicable ? Nous n'osons nous prononcer en présence du fait que nous allons relater et qui date d'aujourd'hui.

Au mois d'août 1887, sept Touareg venus en r'ezou sur notre territoire, ont été pris par le Caïd des Chaânba d'El-Goléa. Ils faisaient partie d'une troupe montée sur quarante-cinq Mehara et qui avait enlevé cent trente chameaux à nos tribus. On se lança à la poursuite des ravisseurs et, après un combat dans lequel huit Touareg furent tués, ce qui indique une chaude affaire, (nous ignorons les pertes de nos gens), les Chaânba sont parvenus à faire prisonniers les sept Touareg dont nous avons parlé. Quatre d'entre eux appartiennent aux Taïtok établis à l'ouest du Djebel-Ahaggar ; deux sont originaires des Kel-Ahnet ; le dernier est fils d'un Chaânbi dissident. Nous ne donnons pas leurs noms barbares pour ne pas fatiguer le lecteur. Livrés par les Chaânba, contre leur habitude, au commandant supérieur de R'ardaïa (Mezab), ils ont été expédiés à Alger, selon la tradition. Là, ils ont été incarcérés dans un fort; puis, après quelques mois de détention, il leur a été permis de se promener en ville, la prison leur servant d'hôtellerie, et enfin, *il est question de les mettre en complète liberté.* Ils reprendraient la route de leur pays et libres, recommenceraient leurs méfaits ; espérons, si cela a lieu, qu'on n'ira pas, jusqu'à leur confier des missionnaires. Si la liberté leur était rendue il est probable que le Caïd des Chaânba d'El Goléa, se dispenserait à l'avenir, d'amener des prisonniers, et, si nous avions un conseil à lui donner ce serait de les fusiller simplement dans un coin de la steppe.

Peut-être, il est vrai, ne pouvant oublier le passé, nous méprenons-nous sur les apparences, et cette bienveillance latente cache-t-elle un profond dessein politique. Cela doit être, sinon, notre administration serait sans excuse.

Il est certain que la situation du Sahara, telle que nous venons de la dépeindre, ne peut rester en l'état. Ce serait une honte pour nous, et quand, plus tard, on l'aura fait cesser, ce ne sera pas sans un profond étonnement qu'on se demandera comment on a pu la tolérer si longtemps. De même, on ne peut comprendre que les puissances chrétiennes aient abandonné, pendant trois siècles, la Méditerranée à quelques poignées de corsaires barbaresques. Oui, ce scandale a beaucoup trop duré et il doit cesser à tout prix. Or, nous avons la conviction que la sécurité du Sahara peut être obtenue sans grands sacrifices, nous allions dire très facilement. Essayons de le démontrer.

On l'a vu par les détails qui précèdent : les troupes de brigands qui infestent le Sahara sont, généralement peu nombreuses, et, lorsqu'elles rencontrent des caravanes ou des campements bien défendus, la victoire ne leur reste pas toujours. D'autre part, des indigènes, réduits à leurs propres forces, se mettant à la poursuite des voleurs, leur font souvent rendre gorge. Nous avons

vu aussi que les habitants si nombreux des oasis, tout
en aidant les r'ezou et en leur facilitant l'écoulement
des produits de leur industrie, ne prennent pas une part
directe aux expéditions, de sorte que les ennemis à combattre sont les seuls Touareg et les dissidents algériens.

Ces faits constatés, que faudrait-il pour assurer la
police du Sahara ? Trois ou quatre postes aux points
extrêmes de notre territoire, par exemple, à Ouargla,
au Mozab (ou à El-Goléa), à Aïn-Sofra. Ces postes
seraient munis d'une cinquantaine de bons Mehara et
d'autant d'hommes éprouvés sachant conduire le chameau de course, connaissant le sud et sa vie. L'élément saharien en fournirait la plus grande partie et l'on
trouverait certainement dans les cadres de nos régiments
de spahis et de chasseurs d'Afrique, de bons chefs,
officiers et sous officiers français, qui consentiraient à
mener, pendant quelques années, le dure service qu'on
devrait exiger d'eux. Bien fournies de vivres et de mu-
nitions, pourvues d'armes à tir rapide les garnisons
de ces postes devraient être toujours prêtes à former
un r'ezou de dix à vingt cavaliers, afin de courir sus
aux pirates signalés. Ils pourraient, du reste, s'ap-
puyer sur les tribus soumises établies en avant, et qui
leur transmettraient rapidement les nouvelles données
par leurs vigies. Ces populations si maltraitées qu'on se
demande comment elles essaient encore d'élever des
troupeaux, quand on voit les seuls Medaganate leur
faire perdre plus de deux mille chameaux en dix ans, ne
tarderaient pas à augmenter en nombre, puisqu'elles
seraient soutenues ; leur prospérité renaîtrait avec la sécurité, et elles formeraient un appui certain permettant
de se porter en avant.

Quant à nos gendarmes, — donnons leur ce nom —
ils devraient renoncer absolument à nos traditions pour
combattre les Sahariens avec leurs propres armes,
c'est-à-dire n'avoir qu'un but : la plus extrême mobilité.
Avec cela, la prudence et l'adresse des hommes du
désert, et surtout, la rigueur la plus absolue dans la ré-
pression. De tout temps, les pirates maritimes ont été
mis hors la loi et pendus sans autre forme de procès ;

pourquoi les pirates de terre seraient-ils traités autrement, sauf la potence, qui pourrait-être remplacée par
une balle dans l'oreille, ou un de ces bons coups de
sabre sur la nuque, que les Touareg savent si bien
donner? Un pays qui n'a d'autre règle que la violence
doit être traité, jusqu'à ce qu'il soit dompté, avec plus
de violence encore. N'est-ce pas ainsi que des officiers
énergiques, tels que Beauprêtre, dont le nom est resté
légendaire, se trouvant seuls, au milieu de populations
autrement dangereuses, sont parvenus à rétablir la
sécurité et à préparer notre occupation?

Avec l'organisation aussi facile que peu coûteuse,
dont nous donnons une esquisse, il ne faudrait pas longtemps pour rendre la paix à la majeure partie du Sahara
y rétablir la crainte salutaire de notre nom, ramener à
nous des populations qui n'osent se prononcer en notre
faveur et permettre la reprise des relations commerciales
avec le sud.

M. Le Chatelier, bon juge en cette matière, approuve
entièrement ce système ; mais il estime en outre nécessaire de « frapper un coup retentissant dans le Sahara,
en faisant expier aux Touareg Ahaggar le massacre du
colonel Flatters ; c'est l'une des mesures les plus ur-
gentes à tous égards, pour inspirer aux peuplades du
pays le respect de notre domination, et l'exemple même
des Medaganate montre *combien il serait facile d'obtenir ce résultat*, en utilisant le concours de nos tribus du
sud. »

Oui, cela est indispensable, non-seulement dans l'in-
térêt de notre domination, mais encore pour l'honneur
du nom français. Or, *cela est facile*, ainsi que le dé-
clare un homme, mieux que personne au courant des
choses du Sahara. Et l'on hésite ! Et cet hiver, ce printemps, vont encore s'écouler sans qu'on tente rien ?
Tout ressort est-il donc détendu chez nous ? Nous ne le
croyons pas, et avons, au contraire, la certitude que
si l'on demandait dans l'armée ou la population, les
trente hommes vigoureux et déterminés nécessaires
pour aller, avec une harka de Sahariens, donner une sé-
vère leçon aux gens du Djebel Ahaggar, c'est par mil-

liers que les volontaires se présenteraient. Notre vengeance est bien tardive, et en vérité, il y a trop longtemps que les « guerriers » touareg qui ont traitreusement massacré nos compatriotes et partagé leurs dépouilles jouissent en paix de la « gloire » et du profit de leur haut fait. Cela doit être impitoyablement expié : la conscience de l'humanité, l'honneur de la civilisation l'exigent. Et si notre gouvernement n'a ni le loisir ni le goût de s'en charger, que l'initiative privée le fasse. Cela ne sera pas bien coûteux ; des Américains, ou même des Anglais auraient bientôt organisé l'expédition.

Mais notre rôle dans le sud ne doit pas se borner à l'exercice de cette légitme vengeance et au rétablissement de la sécurité. Après la reconstitution et la mise en valeur des oasis du Sahara, notre objectif est le Soudan, où nous donnerons la main à nos explorateurs du Sénégal. Tel doit être le fruit de nos sacrifices séculaires dans l'Afrique septentrionale, et il nous semble que notre rôle historique est tout tracé. Déjà la colonisation du Sahara a été entreprise, avec succès, par des groupes de français qui ont transformé l'Ouad-Rir'. « En 1856, dit M. Rolland, les oasis de cette région étaient au nombre de trente-trois, en complète décadence ; elles ne disposaient, pour leurs irrigations, que d'environ 58,000 litres d'eau par minute, et ne comptaient que 136,000 palmiers, pour la plupart vieux et d'un rapport médiocre. Trente ans après, grâce aux sondages, le total des eaux disponibles a été porté à 235,000 litres par minute ; toutes les anciennes plantations ont été renouvelées ; les oasis, au nombre de quarante-trois, sont prospères et comptent 509,375 palmiers en plein rapport et, environ 130,000 palmiers nouvellement plantés. *La population indigène a plus que doublé ; la valeur des oasis a plus que quintuplé.* » Voilà ce que notre génie, notre industrie, nos capitaux peuvent produire en maints autres endroits du Sahara, peut-être plus fertiles, et qui dépérissent actuellement sous l'action combinée de la violence, de l'insécurité, de l'esclavage, de tous les vices.

Le Soudan offrira en outre à l'activité de nos hommes
hardis, — car nous sommes persuadés, quoi qu'on en
dise, que notre caractère national est aussi bien doué
sous ce rapport, que tout autre, — à notre commerce, à
notre industrie des ressources inépuisables. La mise en
valeur de l'Afrique, de ce riche continent naguère ignoré
et dédaigné, sera certainement l'œuvre du prochain
siècle ; il est facile de s'en rendre compte en voyant les
efforts de nos rivaux pour y prendre pied. A l'est, les
Anglais cherchent depuis longtemps à y pénétrer et les
Allemands semblent vouloir leur disputer ce domaine.
L'Italie s'établit dans le même but sur la côte de la
mer Rouge et s'avance par le sud de l'Abyssinie (1). A
l'ouest, les Portugais, les Belges redoublent d'efforts
pour ouvrir à leur profit l'Afrique centrale. Enfin nous
venons de voir la tentative de Russes que l'on jugeait à
tort comme des enfants perdus.

Mais c'est nous qui en avons la clef par l'Algérie et
le Sénégal. Nous laisserons-nous enlever ce domaine
par nos rivaux? Attendrons-nous que les Senoussiya
aient établi un centre d'action à In-Salah, parallèle à
celui qu'ils possèdent au sud de la Cyrénaïque? Attendrons-nous que la religion musulmane, dont les progrès
sont constants, ait élevé une barrière de plus entre
nous et les nègres? que les populations de l'intérieur,
qui commencent à peine à se servir de la poudre, aient
reçu des armes à tir rapide?

Comment, on va ou du moins on allait, sans danger de
Zanzibar au Tanganika, à travers des difficultés purement
matérielles résultant de l'absence de routes, du grand
nombre de cours d'eau, de la flèvre ; ... on y rencontre de
nombreuses peuplades qui se contentent d'exiger un droit
de passage et chez lesquelles on trouve non seulement
des secours matériels, mais une autorité établie qui fait
restituer les esclaves perdus ou les objets volés ; un

(1) Les Italiens ont formé une vaste « *société de géographie afri-
caine,* » divisée en plusieurs sections, qui, toutes, publient un
bulletin périodique rempli de documents importants et de corres-
pondances *du Soudan.* Tout le monde s'intéresse à cette question,
d'une manière pratique, au-delà des Alpes.

américain, Stanley, ne connaissant pas le pays, a pu
sans peine aller y rejoindre Livingstone et il n'aurait pas
eu à tirer, dans ce long voyage, un coup de fusil contre
des hommes, s'il ne s'était joint, pour son plaisir, à
une expédition arabe, et nous ne pourrions nous rendre
d'Ouargla à Tenboktou, alors que nous nous appuyons
sur une occupation de 1500 kilomètres de développe-
ment et que nous disposons d'armes perfectionnées, de
la vapeur, de l'électricité? Cela n'est pas soutenable.

Nous avons parlé de la vapeur. C'est, en effet, notre
principal auxiliaire. Il faut, tout d'abord, pousser la
ligne de Biskra à Ouargla : les difficultés sont presque
nulles, et lorsqu'on vient de voir la réussite du trans-
caspien en trois ans, il ne faut pas parler de difficultés
comparativement à celles dont les Russes ont triomphé
si facilement. Dès que le rail sera à Ouargla, on devra
marcher directement sur In-Salah et occuper fortement
ce point central. On y éprouvera peut-être quelque
résistance, car les gens des oasis savent se défendre ;
mais il n'est pas admissible qu'on ne s'en rende pas
maître sans trop de sacrifices. Voyons, du reste, quelle
peut être la force matérielle de cette région.

D'après M. le Chatelier (1) que nous avons plaisir à
citer, In-Salah est une agglomération de cinq kçour.
Trois tribus d'origine arabe : les O. Ba-Hammou, les
O. El-Mokthar et les Zoua de Sid El Hadj Mohammed
y dominent ; mais le fond de la population est de race
berbère. Le plateau de Tadmaïte, qui domine au nord,
cette région, s'abaisse en pente douce vers Ouargla, en
suivant l'Ouad-Mïa. Ces kçour sont dispersés sur une
longueur de quarante kilomètres de l'est à l'ouest, et
de vingt à vingt-cinq kilomètres nord-sud. Le pays est
très arrosé, principalement au moyen de galeries sou-
terraines, reliant entre eux les puits. Les kçour sont
bâtis aux bords des jardins où l'on cultive le palmier
et autres arbres et les légumes, comme dans toutes les
oasis.

La population se compose en totalité d'environ quatre

(1) Bulletin de correspondance africaine, 1885, p 267 et suiv.

mille six cents âmes, sur lesquelles deux mille berbères, serfs attachés à la glèbe, et appelés Harrathine (laboureurs). Les Arabes sont divisés en deux *sofs* (partis) principaux : les O. Ba-Hammou, qui ont le nombre pour eux, détiennent actuellement le pouvoir par leurs chefs, les O. Badjouda ; — et les O. Mokhtar, moins nombreux, mais plus instruits et maîtres du commerce. Enfin les Zoua (gens des Zaouia), marabouts, qui se tiennent entre les deux sofs. L'ensemble de ces populations peut mettre en ligne un millier de fusils, (exactement 948). Elles possèdent 26 chevaux 281 Mehara et 1,865 chameaux. Enfin ces oasis renferment 272,000 palmiers. L'occupation du Mezab a réduit considérablement le commerce et l'opulence d'In-Salah, ainsi que nous l'avons dit. Quant à la difficulté de la prise de possession, M. Le Chatelier la juge comme suit : « Une invasion française trouverait toute la population, sauf les Harrathine qui, l'effervescence du premier moment passée, resteraient sans doute indifférents, unie pour nous faire une résistance acharnée ; *mais, quelle que soit cette résistance, elle serait impuissante à nous arrêter, fût-ce un instant.* »

Une fois solidement établis à In-Salah, le Sahara serait bien à nous. La région du Touate et de Gourara, prise en écharpe au sud-est et menacée au nord par nos garnisons de la province d'Oran, amenées jusqu'à Aïn-Sofra par la voie ferrée, n'aurait plus qu'à se soumettre. R'adamès, R'at, Figuig, perdraient en même temps toute importance comme entrepôts du sud et centres de résistance contre nous. Dès lors les caravanes du Soudan pourront venir à nous et l'ivoire ne sera plus abandonné dans la steppe, comme chose sans valeur.

D'In-Salah ou de Tir-Hedjert, à 250 kilomètres plus au sud, la voie ferrée devra bifurquer, une ligne allant directement à Temboktou et l'autre sur Agadès, dans le Haoussa. Alors, nous serons entièrement maîtres du Soudan et de l'intérieur de l'Afrique. Nous aurons un champ d'exploitation immense ouvert devant nous, et la civilisation triomphera, car nous aurons arraché de nombreuses et pacifiques populations au triste sort qui les attend, et fait régner la paix, la justice, la sécurité dans d'immenses contrées, depuis trop longtemps domaine de la violence, de la ruse, de la destruction. Voilà l'avenir glorieux réservé à la France, et qu'elle réalisera sans peine si elle sait s'arracher aux luttes stériles des partis. Il semblerait vraiment que cette mission lui a été réservée par une puissance supérieure et les Français de la fin du XIXº siècle seraient bien coupables devant l'histoire, devant l'humanité, s'ils tentaient de se soustraire à ce devoir.

Peut-être objectera-t-on l'état de nos finances et la dépense qu'entraînerait la réalisation de ce plan ; mais cette raison est plus spécieuse que réelle. Nous avons indiqué une série de mesures qui doivent être prises successivement et non simultanément. Quant à l'établissement d'un chemin de fer, ce serait une œuvre de l'industrie privée, nécessitant une simple garantie le reste ne serait pas très coûteux, à la condition d'en confier la direction à des personnages prudents et d'utiliser toutes les ressources locales. Les produits, même ceux encaissés par le trésor, ne tarderaient pas à assurer, et au delà, l'amortissement des dépenses : et même, si le gouvernement voulait entrer dans la voie des ventes de terrains, de concessions et de privilèges, il ferait une excellente affaire.

Mais que doivent peser de semblables considérations pour une nation comme la France, en regard du but honorable à atteindre et du mouvement industriel et commercial dont notre nation retirera tout le profit ? N'est-il pas humiliant pour nous que les objets manufacturés, les étoffes, les produits de la civilisation importés dans l'intérieur de l'Afrique, viennent de tous les pays, sauf du nôtre ?

Comment ? On objecterait le manque d'argent chez nous, pays d'épargne par excellence, alors que toute émission d'obligations ou de bons, couvrant des spéculations plus ou moins morales, obtiennent de nos rentiers ou de nos capitalistes, des offres dix fois, vingt fois supérieures à la demande ? L'argent, au contraire, abonde, mais que nos rentiers prennent garde : s'ils voulent persister à n'engager leurs fonds que dans des spéculations dont nous ne vérifierons pas la sécurité ni la moralité, ils verront, si toutefois ils ne se font pas ruiner, leur épargne s'entasser improductive et leurs intérêts diminuer sans cesse, jusqu'à ce qu'ils finissent par se trouver pauvres sur leurs valeurs fictives. De nos jours, la richesse doit s'employer d'une manière active : c'est une loi à laquelle la nation la plus riche ne peut se soustraire. Il appartient donc aux patriotes et aux capitalistes avisés, ayant le sentiment exact des nécessités de l'époque et de celles que l'avenir nous réserve, de coopérer à la réalisation de cette grande œuvre : l'extension prochaine de l'autorité française sur le Sahara et le Soudan et l'ouverture de ces vastes contrées à notre action morale, industrielle et commerciale.

Amiens. — Imp. Rousseau-Leroy et Cie, rue Saint-Fuscien, 18.

E. MERCIER

HISTOIRE DE L'AFRIQUE SEPTENTRIONALE

Depuis les temps les plus reculés jusqu'à la conquête française

Deux volumes in-8, avec cartes . . . . . 16 fr.

Général PHILEBERT

LA CONQUÊTE PACIFIQUE DE L'INTÉRIEUR AFRICAIN

Nègres, Musulmans et Chrétiens

Un beau volume in-8, avec nombreuses illustrations et 3 cartes 12 fr.

Général FAIDHERBE

LANGUES SÉNÉGALAISES

Wolof, Arabe-Hassania, Soninké, Sérère (*Grammaires et Vocabulaires*)

Un volume in-18, percaline . . . . . 7 fr. 50

H.-D. de GRAMMONT

HISTOIRE D'ALGER

Sous la domination Turque (1515-1830)

In-8 . . . . 6 fr.

E. de SAINTE-MARIE

MISSION A CARTHAGE

In-8, richement illustré . . . . 15 fr.

Comte de SAINT-PHALLE

LA VITICULTURE ET LA VINIFICATION EN ALGÉRIE

Etudes et observations théoriques et pratiques

In-8, illustré de nombreuses figures . . . . . . 5 fr.

G. DELPHIN

Professeur d'arabe à la chaire publique d'Oran.

FAS, SON UNIVERSITÉ

et l'enseignement supérieur Musulman

Un volume in-8, avec une carte . . . . . . 3 fr.

MAURICE BOMPARD

Secrétaire d'ambassade, ancien secrétaire général du gouvernement Tunisien

LÉGISLATION DE LA TUNISIE

Recueil des Lois, Décrets et Règlements

EN VIGUEUR DANS LA RÉGENCE DE TUNIS AU 1er JANVIER 1888

Un fort volume grand in-8 à 2 colonnes . . . . . 20 fr.

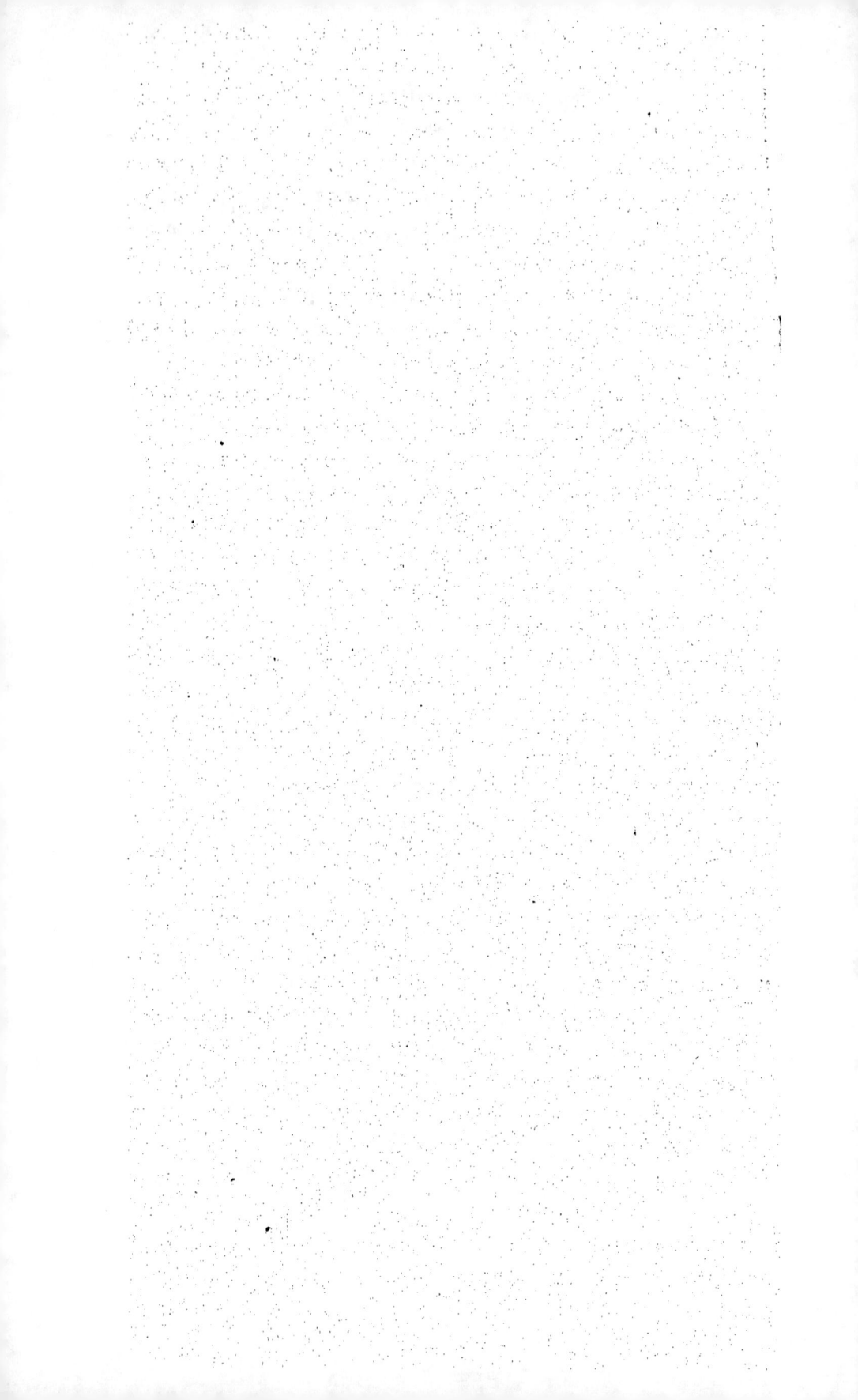

www.ingramcontent.com/pod-product-compliance
Lightning Source LLC
LaVergne TN
LVHW022028080426
835513LV00009B/915